Wortschatz & Grammatik

Üben mit Bildern
A1 – B1

von
Michael Dreke
Sofia Prestes Salgueiro

Langenscheidt

Berlin · München · Wien · Zürich · New York

Wortschatz und Grammatik
Üben mit Bildern
A1–B1

von Michael Dreke und Sofia Prestes Salgueiro

Ein herzlicher Dank geht an die Kolleginnen, die in ihrem Deutsch-Unterricht Kapitel erprobt und kritisch kommentiert haben: Dulce Carvalho, Rute Cerdeira, Maria Antónia Laranjo, Marta Oliveira, Conceição Passos, Maria João Ventaneira.

Illustrationen: Sofia Prestes Salgueiro

www.langenscheidt.de

Druck: Druckhaus Langenscheidt, Berlin
Printed in Germany • ISBN 3-468-49974-4

2. 3. 4. 5. 6. * 09 08 07 06 05

Vorwort

Wortschatz und Grammatik ist ein Arbeitsbuch mit **Kopiervorlagen** und richtet sich an Kinder, Jugendliche und jung gebliebene Erwachsene, die im In- und Ausland Deutsch als Fremdsprache lernen.

Es präsentiert und festigt **Wortschatz**, bietet ein breites Übungsangebot zu **grammatischen Strukturen** und vermittelt eine Vielzahl von **landeskundlichen Informationen**.

Bilder spielen die zentrale Rolle. Bilder aktivieren die affektive Seite des Lernens, erhöhen die Aufmerksamkeit der Lernenden und schaffen so eine besonders intensive Form der Motivation. In *Wortschatz und Grammatik* verändern sich die Bilder: Entweder durch das Überlegen einer Folie oder durch das Umblättern in einer Faltkarte.
In *Wortschatz und Grammatik* können die Aufgaben zur Grammatik nur durch genaues Betrachten der Bilder gelöst werden.

Wortschatz und Grammatik besteht aus elf Kapiteln, die elf verschiedene Sachfelder behandeln.

Jedes Kapitel beginnt mit einer **Wortschatzseite**, auf der das Vokabular den entsprechenden Bildern zugeordnet werden kann.

In den Kapiteln 1 bis 9 gibt es jeweils ein **Bild 1** und eine **Kopiervorlage zum Herstellen von Bild 2**. Es empfiehlt sich folgendes Vorgehen:
- Bild 1 auf Folie kopieren und projizieren oder auf Papier kopieren und austeilen.
- Aufgaben zu Bild 1 auf Papier kopieren und austeilen.
- Kopiervorlage zum Herstellen von Bild 2 auf Folie kopieren.
- Folie über Bild 1 legen. Dieses veränderte Bild ist Bild 2.
- Bild 2 entweder projizieren oder auf Papier kopieren (dazu Folie leicht fixieren) und austeilen.
- Aufgaben zu Bild 2 auf Papier kopieren und austeilen.

In den Kapiteln 10 und 11 ist es anders: Hier wird von den Lernenden jeweils eine **Faltkarte** hergestellt. Beim Durchblättern der Faltkarte werden nacheinander vier Bilder sichtbar, die eine zusammenhängende Sequenz bilden. Zu dieser Bildsequenz bearbeiten die Lernenden Aufgaben zur Grammatik.

Weil Sprachkurse meistens heterogen sind, bietet *Wortschatz und Grammatik* in jedem Kapitel die Möglichkeit der **Binnendifferenzierung:** Oft finden sich zur selben Aufgabe eine einfachere Variante (•) und eine schwierigere Variante (••). Weitere Verwendungsmöglichkeiten des Differenzierungsangebots:
- In relativ homogenen Kursen kann die einfachere Variante von allen im Unterricht bearbeitet werden, die schwierigere dann als Hausaufgabe.
- In Kursen mit fortgeschrittenen Lernenden kann man sich zum Wiederholen auf die schwierigere Variante beschränken.

In *Wortschatz und Grammatik* besteht jedes Kapitel aus zwei Teilen: Der erste Teil ist für die Hand des Lehrers / der Lehrerin gedacht und enthält die **didaktischen Hinweise** zu den Kapiteln. Hier finden sich landeskundliche Hintergrundinformationen, Vorschläge zum Vorgehen und zu den Arbeitsformen, sowie Kommentare zu den Angeboten zur Binnendifferenzierung.
Der zweite Teil beinhaltet die **Kopiervorlagen** für die Bilder und die Aufgaben.

Wortschatz und Grammatik begleitet und unterstützt die Arbeit mit jedem kurstragenden Lehrwerk, kann von den Lehrenden praktisch ohne Vorbereitung im Unterricht eingesetzt werden und bietet den Lernenden die Möglichkeit, abwechslungsreich und mit Spaß Grammatik zu üben.

Michael Dreke

Inhaltsübersicht

*) Die Spalte zu den Niveaustufen informiert darüber, in welcher Stufe nach den Angaben des Europäischen Referenzrahmens der jeweilige grammatische Stoff für den Unterricht vorgesehen ist.

Didaktische Hinweise

Bild 1

Bild 2

Dieses Kapitel können Sie von Anfängern oder von fortgeschrittenen Lernenden bearbeiten lassen. Die Aufgaben auf den Kopiervorlagen richten sich an Anfänger, Tipps für das Vorgehen mit fortgeschrittenen Lernenden finden Sie am Ende der didaktischen Erläuterungen für dieses Kapitel.

(1) Die **Wortschatzseite** können Sie auf Folie kopieren und projizieren oder auf Papier kopieren und austeilen: Einführen und Einüben von Wortschatz.
Falls Ihre Schüler die Schultüte nicht kennen: Am ersten Schultag der Grundschule erhalten in Deutschland alle Kinder von ihren Eltern eine Schultüte, gefüllt mit praktischen kleinen Schulsachen, vor allem aber mit Süßigkeiten.

(2) **Bild 1** (Kopie auf Folie oder Papier). Zum Kontext: Wir befinden uns in einer Schule für Zauberei.

(3) Die **dazugehörigen Aufgaben** (Kopie auf Papier): In den Aufgaben 1 und 2 werden die Personen und die Gegenstände identifiziert. Die Namen, die jede/r einzelne Lernende oder eine Lerngruppe den Personen in Aufgabe 1 gibt, gelten für alle weiteren Aufgaben dieses Kapitels.

→ Variante für Partnerarbeit
Sie können den Lernenden die folgende Situation darstellen: „Die Schüler/innen verzaubern jetzt ihre Schulsachen in süße Sachen."
Ihre Lernenden erhalten nun die Aufgabe, Bild 1 entsprechend weiterzuzeichnen, frei nach Fantasie.
Anschließend erzählen sich die Lernenden in Partnerarbeit, wie sie Bild 1 weitergezeichnet haben. Redemittel dafür:

Redemittel:

	verwandelt	den			einen	....
.... (*Name*)	verzaubert	die	....	in	eine	....
	verhext	das			ein	....

(4) Kopiervorlage zur Herstellung von **Bild 2,** auf Folie kopieren.
Legen Sie die Folie zum Herstellen von Bild 2 über Bild 1 und so entsteht Bild 2: Entweder direkt auf dem Tageslichtprojektor – Bild 1 verwandelt sich vor den Augen der Lernenden in Bild 2 – oder als Fotokopie auf Papier.
Die Schüler/innen verwandeln nun ihre Schulsachen in Süßigkeiten.

→ Variante für Partnerarbeit
Wenn Sie Partnerarbeit durchführen wollen: Schneiden Sie die Folie zur Herstellung von Bild 2 in der Mitte fast senkrecht durch, links am ausgestreckten Arm und rechts am Frosch vorbei, hinten mitten durch die Tafel. Dann kopieren Sie Bild 1 einmal mit dem übergelegten linken Teil der Folie (ergibt Bild 2A) und einmal mit dem übergelegten rechten Teil der Folie (ergibt Bild 2B). Die Partner beschreiben sich jetzt gegenseitig, was sie auf ihrer neuen Bildhälfte sehen und zeichnen das Gehörte in ihr Bild ein.

Redemittel:

	verwandelt	den		einen	Spinne
.... (*Name*)	verzaubert	die	in	eine	Schachtel Pralinen
	verhext	das		ein	Topf eklige Brühe

Achtung: Zusätzliches Vokabular einführen!

(5) **Aufgaben zu Bild 2:**
Die Lernenden betrachten das Bild und bearbeiten die Aufgaben.
Aber wie es in allen anderen Fächern ist, so ist es auch in der Zauberei: Es gibt leistungsstärkere und leistungsschwächere Schüler; einige lösen ihre Aufgaben hervorragend, andere weniger erfolgreich. Ein Mittel, den unterschiedlichen Begabungen von Schülern gerecht zu werden, ist die **Binnendifferenzierung**. Weniger begabten Schülern werden mehr Hilfen bei der Lösung von Aufgaben angeboten als den begabteren. Leistungsschwächere Schüler bekommen Aufgaben gestellt, bei denen sie kleinere Probleme zu lösen haben als leistungsstärkere Schüler in ihren Aufgaben.
Bei Aufgabe 2 haben Sie die Möglichkeit der **Binnendifferenzierung:** Sie lassen entweder Variante • oder die schwierigere Variante •• bearbeiten. In Variante • müssen die Lernenden lediglich die bestimmten und die unbestimmten Artikel im Akkusativ richtig bilden, in Variante •• müssen sie darüber hinaus auch den Wortschatz aktiv beherrschen. Die Ergebnisse können Sie gemeinsam besprechen. Auch wenn beide Varianten gleichzeitig von verschiedenen Lernenden bearbeitet wurden, liegen nun im Ergebnis gleiche oder sehr ähnliche Sätze vor.

Wenn Sie dieses Kapitel mit **fortgeschrittenen Lernenden** bearbeiten möchten, bieten sich z. B. folgende Aufgabenstellungen an:
Bild 1: – Alle Objekte auf den Tischen benennen
– Tiere benennen und lokalisieren
– Gesichtsausdrücke benennen
– Weitere Personen und Objekte im Raum kommentieren
Bild 2: – Alle Verwandlungen und weitere Veränderungen benennen und beschreiben (Perfekt).
– Veränderte Gesichtsausdrücke beschreiben und begründen (Kausalsätze)

Schulsachen

- der Anspitzer
- der Bleistift
- die Bunstifte
- die Büroklammern
- das Federmäppchen
- der Füller
- das Geodreieck
- das Heft
- der Kleber
- der Kugelschreiber
- das Lineal
- die Mappe
- der Marker
- das Mathebuch
- der Radiergummi
- die Schere
- die Schultüte
- der Taschenrechner
- die Tintenpatronen
- das Wörterbuch

Süße Sachen

- der Bonbon
- das Eis am Stiel
- der Eisbecher
- das Lebkuchenherz
- der Nusskuchen
- die Packung Kaugummis
- die Schachtel Pralinen
- der Schokoladenkuchen
- die Tafel Schokolade
- die Torte

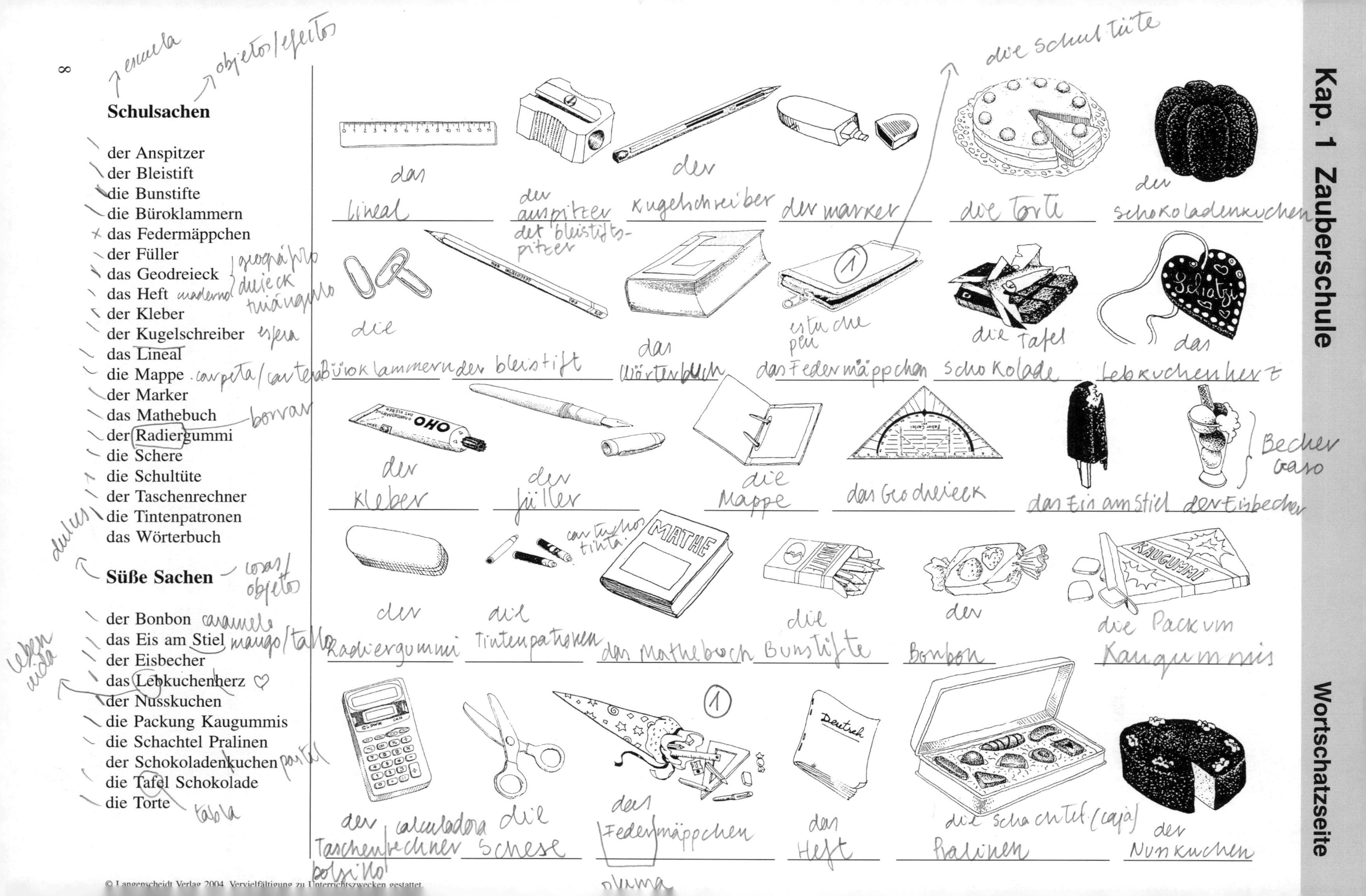

1) Betrachte das Bild und gib den Personen Namen.

A heißt der Füller (ein) ....
B heißt ....
C heißt ....
D heißt ....
E heißt ....
F heißt ....
G heißt ....
H heißt ....
I heißt ....
J heißt ....
K heißt ....
L heißt ....
M heißt ....
N heißt ....
O heißt ....

2) Betrachte das Bild und benenne die Schulsachen.

1 ist ein.. .
2 ist ein.. .
3 ist ein.. .
4 ist ein.. .
5 ist ein.. .
6 ist ein.. .
7 ist ein.. .
8 ist ein.. .
9 ist ein.. .
10 ist ein.. .
11 ist ein.. .
12 ist ein.. .

3) Betrachte das Bild und fülle aus.

.... hat ....Schere.
.... hat ....Marker.
.... hat ....Buch.
.... hat ....Bleistift.
.... hat ....Federmäppchen.
.... hat ....Wörterbuch.
.... hat ....Kleber.
.... hat ....Füller.
.... hat ....Heft.
.... hat ....Schachtel Buntstifte.
.... hat ....Anspitzer.
.... hat ....Lineal.

1) Betrachte das Bild und fülle aus.

Der .... wird .... Eisbecher.

.... Buch .... ein ....

.... wird .... Schachtel Pralinen.

.... Lineal wird ....

.... Marker wird ....

.... Wörterbuch wird ....

.... Kleber wird ....

.... Schere wird ....

.... Heft wird ....

2)

●

Betrachte das Bild und bilde Sätze wie im Beispiel:

Beispiel: .... verwandelt das Lineal in ein Eis am Stiel.

		Marker		Lebkuchenherz.
		Buch		Bonbon.
	verwandelt	Schere		Schachtel Pralinen.
....	verzaubert	Heft	in	Schokoladenkuchen.
	verhext	Kleber		Tafel Schokolade.
		Federmäppchen		Torte.
		Wörterbuch		Eisbecher.
		Füller		Nusskuchen.

●●

Betrachte das Bild und bilde Sätze wie im Beispiel:

Beispiel: .... verwandelt das Lineal in ein Eis am Stiel.

.... verzaubert .... Wörterbuch in .... Bonbon.

.... verhext .... Federmäppchen in ....

.... verzaubert .... Marker in ....

.... verwandelt .... in ....Torte.

.... verhext .... in ....

.... verwandelt .... in ....

.... verzaubert .... in ....

.... verhext .... in ....

Didaktische Hinweise

Bild 1

Bild 2

(1) **Die Wortschatzseite** können Sie auf Folie kopieren und projizieren oder auf Papier kopieren und austeilen: Einführen und Einüben von Wortschatz, zum Beispiel mit mündlichen oder schriftlichen Übungen wie:

Nadja ist die Schwester von Silke und Florian, die Tochter von Michael und Gianna, die Nichte von Johanna, Susanne und Holger, die Enkelin von Herbert und Annelies und die Urenkelin von Heinrich und Hedwig.
Holger ist der Mann von ... , etc.

(2) Die schriftlichen **Übungen zur Wortschatzseite (Familienstammbaum)** sind in drei verschiedene Schwierigkeitsgrade aufgeteilt. Damit haben Sie die Möglichkeit der **Binnendifferenzierung**: Sie entscheiden, welchen Kursteilnehmer/innen Sie die Aufgabe • zur Bearbeitung geben, welchen die Aufgabe •• und welchen die Aufgabe •••.
Variante •: Hier wird Wortschatz geübt.
Variante ••: Übung zu den Possessivartikeln im Dativ.
Variante •••: Beinhaltet die Anforderungen von • und ••.
Sinnvollerweise bearbeitet jeder nur eine Variante. Also das Arbeitsblatt kopieren und auseinanderschneiden. Die Ergebnisse können Sie gemeinsam besprechen, da jeder nun im Prinzip denselben vollständigen Text vorliegen hat.

(3) **Bild 1** (Kopie auf Folie oder Papier). Zum Kontext: Am Tisch hat eine Hochzeitsgesellschaft gesessen. Endlich ist der Fotograf da, und nun sind alle draußen, Fotos machen.

(4) Die **dazugehörige Aufgabe** (Kopie auf Papier): Die Lernenden betrachten das Bild und schreiben ihre Version über die Hochzeitsgesellschaft:
Vermutungen unterschiedlichen Sicherheitsgrades, Relativsätze im Nominativ.

(5) Kopiervorlage zum Herstellen von **Bild 2** auf Folie kopieren.
Die Folie zum Herstellen von Bild 2 wird über Bild 1 gelegt und so entsteht Bild 2: Entweder direkt auf dem Tageslichtprojektor – Bild 1 verwandelt sich vor den Augen der Lernenden in Bild 2 – oder als Fotokopie auf Papier.

→ Variante für Partnerarbeit
Wenn Sie Partnerarbeit durchführen wollen: Schneiden Sie die Folie zum Herstellen von Bild 2 links neben dem dicken fröhlichen Herrn senkrecht durch. Dann kopieren Sie Bild 1 einmal mit dem übergelegten linken Teil der Folie (ergibt Bild 2A) und einmal mit dem übergelegten rechten Teil der Folie (ergibt Bild 2B). Die Partner beschreiben sich jetzt gegenseitig, was sie auf ihrer neuen Bildhälfte sehen und zeichnen das Gehörte in ihr Bild ein.

Redemittel:

Links		ein Mann.		
Vorne in der Mitte		eine Frau.	Er	trägt ...
Hinten rechts	sitzt	ein Kind.	Sie	ist ...
Vorne ganz rechts		ein Junge.	Es	hat ...
...		ein Mädchen.		...

(6) **Aufgabe 1 zu Bild 2:**
Die Lernenden lesen die Familienbeschreibung, betrachten Bild 2 und füllen das Familienschema mit den Informationen aus Text und Bild aus.
Schwerpunkt: Dativ im rezeptiven Bereich.

(7) **Aufgabe 2 zu Bild 2:**
Die Lernenden betrachten Bild 2 und bearbeiten die Aufgabe, in der es darum geht, was die Leute auf dem Bild machen:
Possessivartikel und Personalpronomen im Dativ, Verben
Ausgangspunkt für die Bearbeitung dieser Aufgabe sind die Familienverhältnisse, wie sie in Aufgabe 1 dargestellt wurden.
Hier besteht die Möglichkeit der **Binnendifferenzierung**: In Variante • geht es nur darum, Lücken auszufüllen, in Variante •• formulieren die Lernenden gelenkt aber relativ frei, was sie auf dem Bild sehen. Die Ergebnisse können Sie wiederum gemeinsam besprechen.
Wenn Sie wollen, können Sie die Variante • noch weiter vereinfachen, indem Sie die Verben bereits auf der Kopiervorlage an den entsprechenden Stellen eintragen. Dann ist zur Bearbeitung der Aufgabe allerdings das Bild nicht mehr nötig, die fehlenden Possessivartikel und Personalpronomen im Dativ ergeben sich klar aus dem Text.

der Urgroßvater
die Urgroßmutter
der Großvater / der Opa
die Großmutter / die Oma
der Vater
die Mutter
der Schwiegervater
die Schwiegermutter
der Bruder
die Schwester
der Schwager
die Schwägerin
der Onkel
die Tante
der Sohn
die Tochter
der Schwiegersohn
die Schwiegertochter
der Neffe
die Nichte
der Cousin
die Cousine
der Enkel
die Enkelin
der Urenkel
die Urenkelin

die Urgroßeltern
die Großeltern
die Eltern
die Kinder
die Geschwister
die Zwillinge
die Enkelkinder

Heinrich Hedwig

Gerhard Hildegard Herbert Annelies

Karlheinz Regina Holger Susanne Johanna Michael Gianna

Sebastian Alexander Tanja Julia Nadja Silke Florian

●
Betrachte den Familienstammbaum und fülle die Lücken aus:

1) Sebastian hat
den Mund und die Ohren von seinem ... Vater ...,
die Nase von seiner .... und seinem ....,
Haarfarbe und Augenbrauen von seinem ....,
die Locken von seiner .... und seiner ....
und die Gesichtsform von seinem ....

2) Johanna hat
die Nase, den Mund und die Locken von ihrem ....,
die Ohren, die Augenbrauen und die Gesichtsform von ihrer .... und ihrem ....
und die Haarfarbe von ihrer .... und ihren ....

3) Nadja und Silke haben
die Nase und den Mund von ihrem .... und ihrer ....,
die Locken von ihrem .... und ihrem ....,
die Haarfarbe, die Augenbrauen und die Ohren von ihren ....
und die Gesichtsform von ihrer ....

●●
Betrachte den Familienstammbaum und fülle die Lücken aus:

1) Sebastian hat
den Mund und die Ohren von ... seinem ... Vater,
die Nase von .... Mutter und .... Großvater,
Haarfarbe und Augenbrauen von .... Vater,
die Locken von .... Mutter und ....Großmutter
und die Gesichtsform von .... Vater.

2) Johanna hat
die Nase, den Mund und die Locken von .... Vater,
die Ohren, die Augenbrauen und die Gesichtsform von .... Mutter und ....Großvater
und die Haarfarbe von .... Mutter und .... Großeltern.

3) Nadja und Silke haben
die Nase und den Mund von .... Vater und ....Großmutter,
die Locken von .... Vater und .... Großvater,
die Haarfarbe, die Augenbrauen und die Ohren von .... Eltern
und die Gesichtsform von .... Mutter.

●●●
Betrachte den Familienstammbaum und fülle die Lücken aus:

1) Sebastian hat
den Mund und die Ohren von ... seinem Vater ...,
die Nase von .... und ....,
Haarfarbe und Augenbrauen von ....,
die Locken von .... und
....
und die Gesichtsform von ....

2) Johanna hat
die Nase, den Mund und die Locken von ....,
die Ohren, die Augenbrauen und die Gesichtsform von .... und ....
und die Haarfarbe von .... und ....

3) Nadja und Silke haben
die Nase und den Mund von .... und ....,
die Locken von .... und ....,
die Haarfarbe, die Augenbrauen und die Ohren von ....
und die Gesichtsform von ....

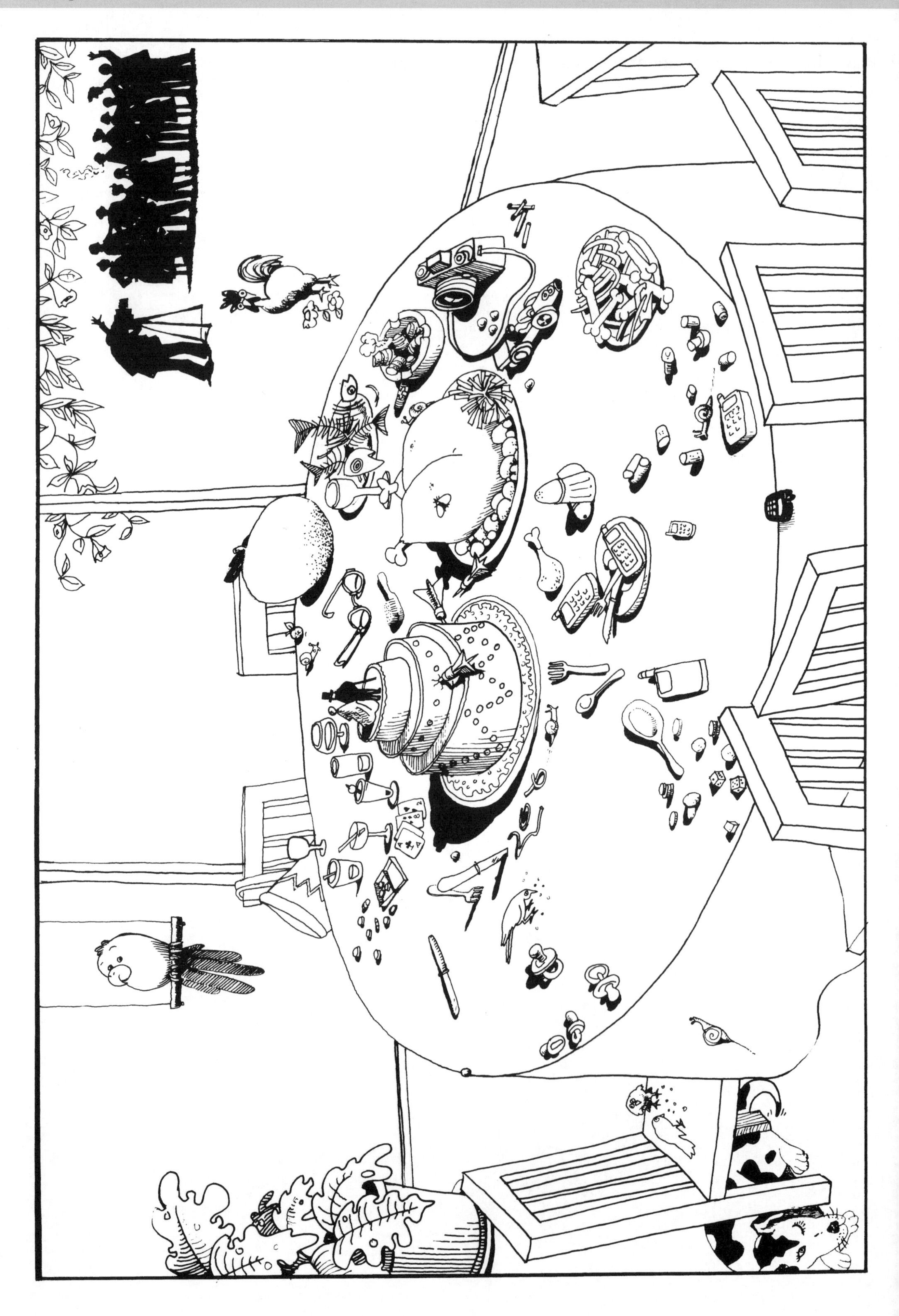

Aufgabe zu Bild 1

Die Hochzeitsgesellschaft ist gerade draußen und macht ein Familienfoto. Gleich kommen die Leute wieder herein und setzen sich wieder auf ihre Plätze. Wer sitzt wo? Wie sind die Leute, was glaubst du? Betrachte das Bild genau und schreibe deine Version:

Links		sicherlich	ein Mann, der ...
Vorne in der Mitte		bestimmt	eine Frau, die ...
Hinten rechts	sitzt	wahrscheinlich	ein Kind, das ...
Vorne ganz rechts		vielleicht	ein Junge, der ...
.....		möglicherweise	ein Mädchen, das ...
.....		eventuell	jemand, der ...

Lies den Text und betrachte das Bild. Identifiziere im Bild die Personen und schreibe die Namen unten im Familienschema unter die Symbole.

Heute ist ein besonderer Tag:
Mein Schwager Albert hat heute geheiratet. Albert ist der einzige Raucher am Tisch. Seine Frau Barbara sitzt neben meinem Vater. Gegenüber von meinem Vater sitzt meine Schwester Ursula, die sich gerade mit ihrem Mann Rüdiger unterhält. Auf der anderen Seite neben meinem Vater sitzt meine Mutter Elfriede. Mein Sohn Bastian beschäftigt sich gerade mit seiner Oma. Bei ihm sitzt seine Schwester Sabine. Onkel Hans, der Bruder meines Vaters, kümmert sich gerade um Albert. Zu seiner Linken sitzt mein Neffe Florian. Er mag seine Cousine Luise sehr gern. Ja, und ich? Ich sitze zwischen meiner Frau Elisabeth und meiner Schwester.

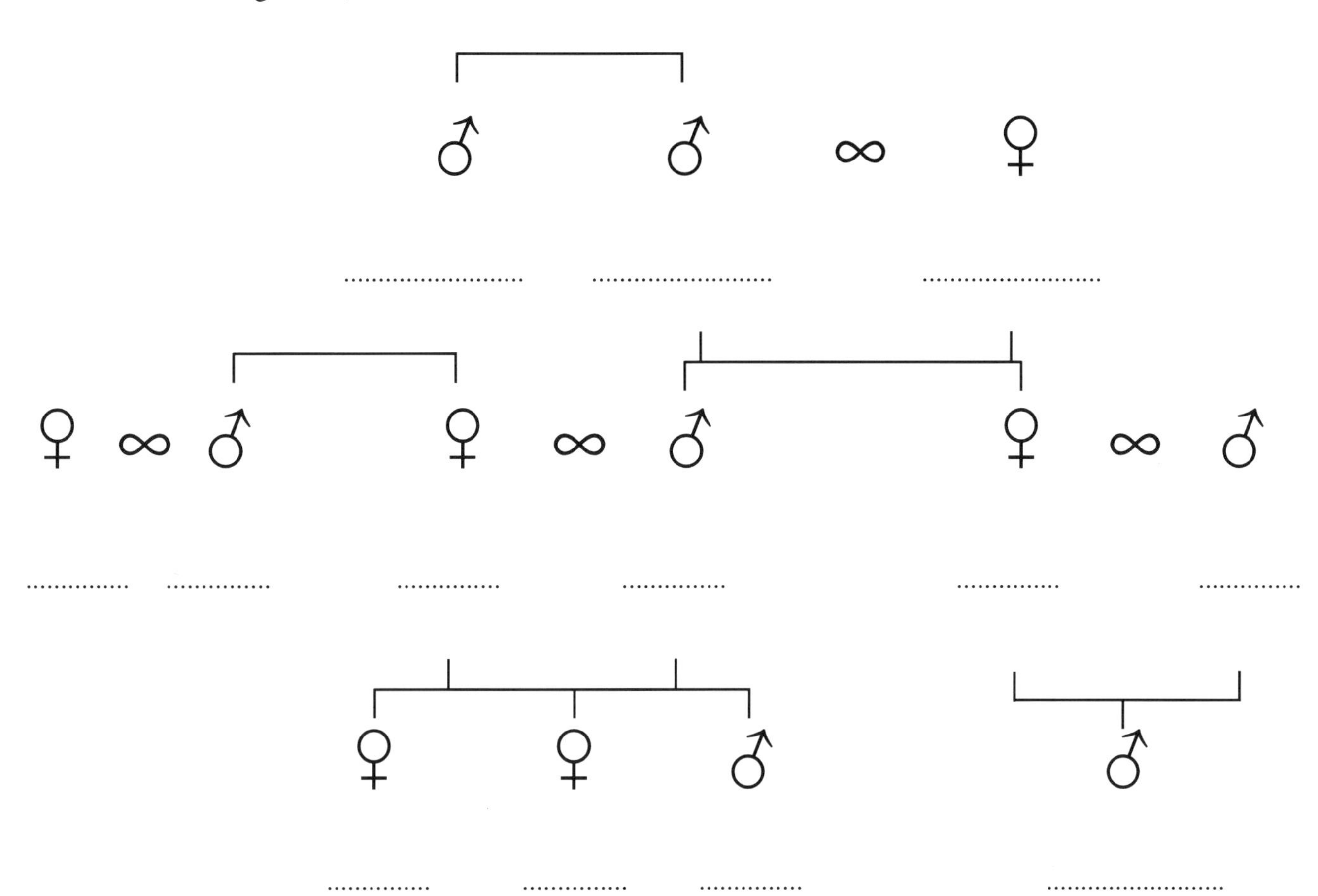

●

Betrachte das Bild und fülle die Lücken aus. Unten findest du die Verben in alphabetischer Reihenfolge.

1) Florian sitzt neben _ _ _ _ seiner _ _ _ _ Cousine Luise und ... gibt .... ihr gerade einen Kuss.
2) Sabine sitzt mit _ _ _ _ _ _ _ _ Bruder Bastian am Tisch und .... _______ gerade den Kopf.
3) Ich sitze rechts neben _ _ _ _ _ _ _ _ Frau Elisabeth und .... _______ gerade etwas.
4) Mein Onkel Hans sitzt links neben _ _ _ _ _ _ _ Schwager Albert und .... _______ gerade Feuer.
5) Meine Schwester Ursula sitzt links neben _ _ _ _ _ _ _ Mann Rüdiger und .... ______ gerade Fotos.
6) Mein Vater sitzt rechts neben _ _ _ _ _ _ _ Schwägerin Barbara und .... ______ gerade Wasser ....
7) Elisabeth sitzt rechts neben _ _ _ _ _ _ _ _ Sohn Bastian und .... ________ gerade einen Schnuller.
8) Elfriede sitzt neben _ _ _ _ _ _ _ _ Enkelin Sabine und .... ________ gerade den Rücken ....
9) Albert sitzt neben _ _ _ _ _ _ _ Frau Barbara und................. ________ gerade den Mund ....
10) Elfriede sitzt neben _ _ _ _ _ _ _ Mann und .... ________ gerade etwas Lustiges.
11) Bastian sitzt neben _ _ _ _ _ _ _ Oma und .... ________ gerade das Portemonnaie aus der Handtasche.
12) Meine Frau sitzt links neben _ _ _ _ _ _ _ und .... ________ gerade auf den Fuß.
13) Bastian sitzt links neben _ _ _ _ _ _ _ Mutter und .... _______ gerade das Messer ....
14) Onkel Hans sitzt neben _ _ _ _ _ _ _ Sohn Florian und .... _______ gerade die Hand auf die Schulter.
15) Rüdiger sitzt rechts neben _ _ _ _ _ _ _ _ Frau und .... _______ gerade auf den Rücken.

abwischen – eingießen – erklären – erzählen – geben (3×) – klopfen – legen – streicheln – treten – wegnehmen – zeigen – ziehen – zukehren

●●

Erzähle, was die Leute auf dem Bild machen, und bilde dabei Sätze nach diesem Muster:

Florian sitzt neben seiner Cousine Luise und gibt ihr gerade einen Kuss.

Didaktische Hinweise

Bild 1

Bild 2

Dieses Kapitel bietet die Möglichkeit, einen Bezug zum Märchen der Gebrüder Grimm von den „Bremer Stadtmusikanten" herzustellen:

> Ein Esel, ein Hund, eine Katze und ein Hahn, die von ihren jeweiligen Besitzern davongejagt werden, weil sie alt sind und ihre Aufgaben nicht mehr wie gewohnt erledigen können, schließen sich zusammen, um gemeinsam in Bremen zu musizieren. Auf dem Weg dorthin stoßen sie im Wald auf ein Haus voller Räuber, die dort im Überfluss essen und trinken. Die vier Tiere steigen, der Körpergröße nach, aufeinander, stürzen unter großem Lärm ins Haus, verjagen die Räuber und verbringen den Rest ihres Lebens dort.

(1) Die **Wortschatzseite** können Sie auf Folie kopieren und projizieren oder auf Papier kopieren und austeilen: Einführen und Einüben von Wortschatz.

(2) **Bild 1.** Zum Kontext: Die Bremer Stadtmusikanten sind in den Zoo gegangen und veranstalten einen Workshop zum Thema „Fortbildung ohne Grenzen".

(3) Bild 1 (Kopie auf Folie oder Papier) mit der **dazugehörigen Aufgabe** (Kopie auf Papier): Die Lernenden betrachten das Bild und bilden Sätze, die dem Sachverhalt auf dem Bild entsprechen: Wechselpräpositionen mit Dativ.
Sie haben hier die Möglichkeit der **Binnendifferenzierung**: Für einige Lernende ist Variante • möglicherweise anspruchsvoll genug (es müssen Präpositionen und Tiernamen eingesetzt werden), anderen können Sie Variante •• zutrauen (gelenkter aber relativ freier Satzbau, Dativformen müssen gebildet werden). Die Ergebnisse können Sie gemeinsam besprechen, denn die vorgetragenen Sätze aus Variante • und •• haben dasselbe sprachliche Niveau, nur der Weg dorthin war unterschiedlich.

→ Variante für Partnerarbeit
Sie können den Lernenden die Aufgabe stellen, Bild 1 weiterzuzeichnen, frei nach Fantasie. Anschließend erzählen sich die Lernenden in Partnerarbeit, wie sie Bild 1 weitergezeichnet haben.
Wechselpräpositionen mit Dativ und/oder Akkusativ.

(4) Kopiervorlage zur Herstellung von **Bild 2** auf Folie kopieren. Die Folie zum Herstellen von Bild 2 wird über Bild 1 gelegt und so entsteht Bild 2: Entweder direkt auf dem Tageslichtprojektor oder als Fotokopie auf Papier.

→ Variante für Partnerarbeit
Wenn Sie jetzt Partnerarbeit durchführen wollen: Schneiden Sie die Folie links oder rechts neben dem Bären senkrecht durch. Dann Bild 1 einmal mit dem übergelegten linken Teil der Folie kopieren (ergibt Bild 2A) und einmal mit dem übergelegten rechten Teil der Folie (ergibt Bild 2B).
Die Partner beschreiben sich jetzt gegenseitig, was sie auf ihrer neuen Bildhälfte sehen und zeichnen das Gehörte in ihr Bild ein:
Wechselpräpositionen mit Dativ und/oder Akkusativ.

(5) **Aufgabe 1 zu Bild 2:**
Die Lernenden betrachten Bild 2 und bearbeiten dazu die Aufgabe: Wechselpräpositionen mit Akkusativ.

(6) **Aufgabe 2 zu Bild 2:**
Die Lernenden betrachten Bild 2 und bearbeiten dazu die Aufgabe: Kausalsätze. Diese Aufgabe ist in den Ergebnissen relativ offen: Die Begründungen holen sich die Lernenden entweder aus dem sichtbaren Kontext oder aus ihrem grundsätzlichen Wissen über die entsprechenden Tiere.

der Affe
die Antilope
der Delfin
der Bär
der Elefant
der Esel
die Eule
der Frosch
die Giraffe
der Hahn
der Hund
das Kamel
das Känguru
die Katze
das Krokodil
der Löwe
das Nashorn
der Papagei
die Schildkröte
die Schlange
die Schnecke
das Schwein
der Strauß
der Tiger

●

Betrachte das Bild und fülle die Lücken aus.

1) Der Strauß steht .... auf .... der .... Giraffe ....
2) Der Tiger sitzt .... der ....
3) Der Esel sitzt .... dem ....
4) Das Krokodil liegt .... dem ....
5) Der Elefant steht .... der ....
6) Die Antilope steht .... dem ....
7) Der Hund sitzt .... der ....
8) Das Nashorn steht .... dem ....
9) Die Giraffe steht .... dem ....
10) Der Löwe steht .... der ....

●●

Betrachte das Bild und bilde so viele Sätze wie möglich:

Der Tiger			der Tiger
Die Giraffe			die Giraffe
Die Schildkröte		auf	die Schildkröte
Das Nashorn	liegt		das Nashorn
Das Krokodil		unter	das Krokodil
Der Löwe			der Löwe
Der Strauß	sitzt	hinter	der Strauß
Der Elefant			der Elefant
Der Affe		vor	der Affe
Die Antilope	steht		die Antilope
Der Esel		neben	der Esel
Der Hund			der Hund
Die Katze			die Katze
Der Hahn			der Hahn

1) Betrachte das Bild und vervollständige die Sätze.

1) Das Kamel ist .... auf den Affen .... geklettert.
2) Die Eule ist .... geflogen.
3) Die Schlange ist .... gekrochen.
4) Das Känguru ist .... gesprungen.
5) Der Bär ist .... gestiegen.
6) Der Papagei ist .... geflogen.
7) Das Schwein hat sich .... gelegt.
8) Der Delfin ist .... gesprungen.
9) Der Frosch ist .... gesprungen.
10) Die Schnecke ist .... gekrochen.

2) Betrachte das Bild, denk nach und vervollständige die Sätze:

1) .... freut sich, weil ....
....
2) .... hat Angst, weil ....
....
3) .... ist müde, weil ....
....
4) .... ist erstaunt, weil ....
....
5) .... ist erschrocken, weil ....
....
6) .... ist erschöpft, weil ....
....
7) .... fühlt sich nicht wohl, weil ....
....
8) .... schwitzt, weil ....
....
9) .... ärgert sich, weil ....
....
10) .... ist erschrocken, weil ....
....
11) .... ist erschöpft, weil ....
....
12) .... schläft, weil ....
....
13) .... hat gute Laune, weil ....
....
14) .... fühlt sich nicht wohl, weil ....
....
15) .... hat Angst, weil ....
....
16) .... freut sich, weil ....
....

Kap. 4 Verkehr

Didaktische Hinweise

Bild 1

Bild 2

⚠ In diesem Kapitel entsteht Bild 1 durch das Überlegen der Folie. Will man Bild 2 erhalten, nimmt man die Folie ab.

(1) Die **Wortschatzseite** können Sie auf Folie kopieren und projizieren oder auf Papier kopieren und austeilen: Einführen und Einüben von Wortschatz.

Zum Kontext der Bilder: Hier gibt es zwei Verkehrs-Ebenen: Auf der unteren Ebene findet der übliche Straßenverkehr statt, der durch Verkehrszeichen und Ampeln geregelt wird. Auf der oberen Ebene bewegen sich fliegende Teppiche, für die es dort auch eigene Verkehrszeichen und Ampeln gibt.

(2a) **Bild 2** auf Folie oder Papier kopieren.
Kopiervorlage zum Herstellen von Bild 1 auf Folie kopieren.

(2b) Die Folie zum Herstellen von Bild 1 wird über Bild 2 gelegt und so entsteht **Bild 1**.
Erst jetzt Bild 1 entweder projizieren oder auf Papier kopieren und austeilen. Die Lernenden betrachten das Bild und beschreiben, was sie sehen. Es wird klar: Da ist irgend etwas passiert. Leider stehen Leute davor, man kann also nur vermuten, was dort los ist.

(3) **Aufgabe zu Bild 1:**
Diese Aufgabe soll den Lernenden helfen zu erfassen, was auf dem sichtbaren Teil der Szenerie alles los ist. Es gibt die Möglichkeit der **Binnendifferenzierung:** Bei Variante • sind in der mittleren Spalte bereits alle Formen der benötigten Modalverben vorgegeben, bei Variante •• sind nur die Infinitive vorgegeben, die Formen müssen gebildet werden.
Mit *Herrchen* und *Frauchen* bezeichnen sich in Deutschland viele Hundebesitzer/innen gern selbst gegenüber ihren Hunden, wenn sie zu ihnen sprechen: *„Komm her zu Frauchen!"*

(4) Die Folie zum Herstellen von Bild 1 entfernen und so entsteht **Bild 2:** Entweder direkt auf dem Tageslichtprojektor – Bild 1 verwandelt sich vor den Augen der Lernenden in Bild 2 – oder als Fotokopie auf Papier.

(5) **Aufgabe 1 zu Bild 2:**
Während in der vorigen Aufgabe geklärt wurde, was hier alles los ist, geht es jetzt darum zu klären, was die Personen sagen. Die kleinen Bilder auf dem Aufgabenblatt führen die Lernenden jeweils in den situativen Kontext auf dem großen Bild und ermöglichen die Zuordnung einer Äußerung. Auch hier besteht die Möglichkeit der **Binnendifferenzierung**: In Variante • sind fertige Äußerungen vorgegeben, die nur zugeordnet werden müssen, in Variante •• müssen die Äußerungen aus vorgegebenen Bestandteilen gebildet werden.
Nach dem Besprechen der Ergebnisse können Sie die Aufgabe stellen, die den Personen zugeordneten Äußerungen als Dialoge zwischen den Beteiligten weiterzuspielen/-schreiben.

(6) **Aufgabe 2 zu Bild 2:**
Während sich in den bisherigen Aufgaben dieses Kapitels alles im Präsens abspielte, ist die Beherrschung des Perfekts Voraussetzung für diese Aufgabe. Die verwendeten Verben entstammen alle dem semantischen Feld „Verkehr" und sollten zuvor eingeführt werden. Die Aufgabe soll zur Klärung der Frage beitragen, wie sich der Unfall ereignet hat.
Zur **Binnendifferenzierung**: Variante • können Sie von den Lernenden bearbeiten lassen, die mit der Bildung der Partizipien voll ausgelastet sind, Variante •• richtet sich an diejenigen, die auch die richtige Wahl zwischen *sein* und *haben* treffen können und mit der Zuordnung der Verben nicht überfordert sind.

Lösungen:

Aufgabe zu Bild 1:
Der Radfahrer will rechts abbiegen.
Die Frau und das Kind wollen die Straße überqueren.
Die Feuerwehr kann nicht weiterfahren.
Der Mann auf dem Teppich am Fenster darf nicht halten.
Die Radfahrer müssen warten.
Der Autofahrer im Cabrio will links abbiegen.
Menschen und Tiere dürfen den Rasen nicht betreten.
Der Rettungswagen muss bremsen.
Herrchen, Frauchen und ihr Hund können den Unfall sehr gut sehen.

Aufgabe 1 zu Bild 2:
a)
Die mit der Schleife: Bei Rot müssen Sie anhalten!
Die mit dem Hut: Kannst du nicht lesen?
Die mit den Ohrringen: Können Sie nicht aufpassen?
Der mit dem Vollbart: Das darfst du hier gar nicht!
Die mit dem Kopftuch: Hier musst du immer aufpassen.
Die mit der Brille: Da dürfen Sie nicht halten!

b)
Der mit der Glatze: Beim Abbiegen musst du den Arm raushalten.
Der mit der Brille: Kann ich jetzt mal was sagen?
Die mit der Sonnenbrille: Da oben dürfen Sie gar nicht rechts abbiegen!
Der mit dem Schnurrbart: Das Schild kann man schlecht sehen.

die Ampel
das Auto
der Bus
das Fahrrad
die Feuerwehr
der fliegende Teppich
das Flugzeug
der Hubschrauber
der Lastwagen
der Lieferwagen
das Motorrad
der Rettungswagen
die Straßenbahn

Verkehrszeichen
der Fußgängerüberweg
Halten verboten
das Stoppschild
Überholen verboten
Verbot der Einfahrt
Vorfahrt gewähren
Wenden verboten

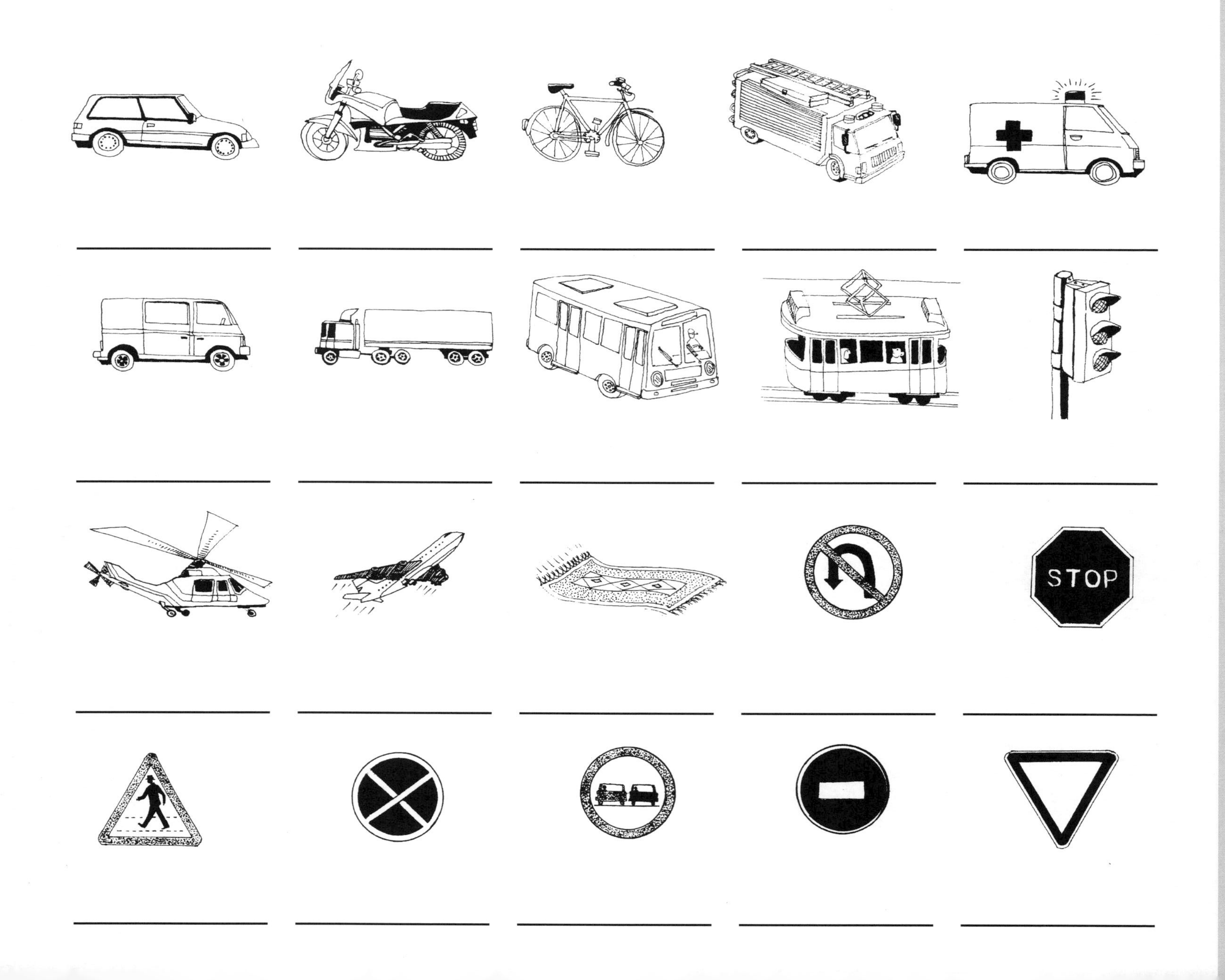

●

Betrachte das Bild und bilde Sätze:

Der Radfahrer		den Rasen nicht betreten.
Die Frau und das Kind	will	den Unfall sehr gut sehen.
Die Feuerwehr	muss	links abbiegen.
Der Mann auf dem Teppich am Fenster	darf	warten.
Herrchen, Frauchen und ihr Hund	kann	rechts abbiegen.
Der Rettungswagen	wollen	die Straße überqueren.
Die Radfahrer	müssen	bremsen.
Der Autofahrer im Cabrio	dürfen	nicht weiterfahren.
Menschen und Tiere	können	nicht halten.

Betrachte das Bild und bilde Sätze:

Der Radfahrer		den Rasen nicht betreten.
Die Frau und das Kind		den Unfall sehr gut sehen.
Die Feuerwehr		links abbiegen.
Der Mann auf dem Teppich am Fenster	wollen	warten.
Herrchen, Frauchen und ihr Hund	müssen	rechts abbiegen.
Der Rettungswagen	dürfen	die Straße überqueren.
Die Radfahrer	können	bremsen.
Der Autofahrer im Cabrio		nicht weiterfahren.
Menschen und Tiere		nicht halten.

●

Betrachte das Bild: Wer sagt was? Verbinde mit Linien.

a)

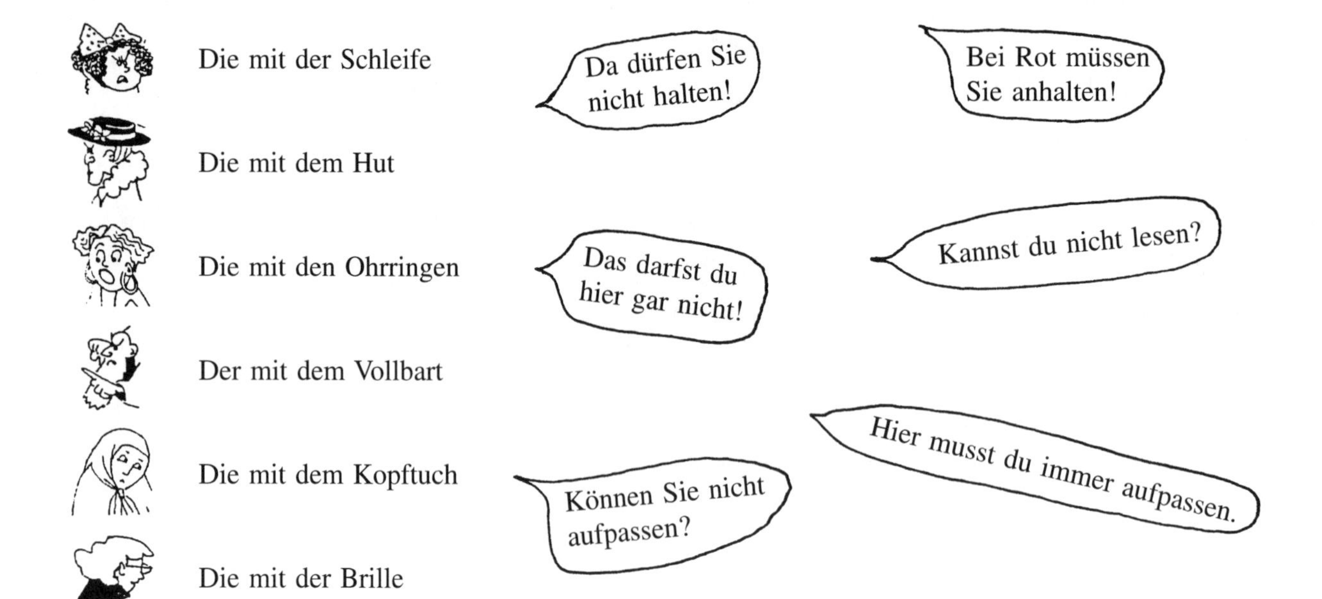

b)

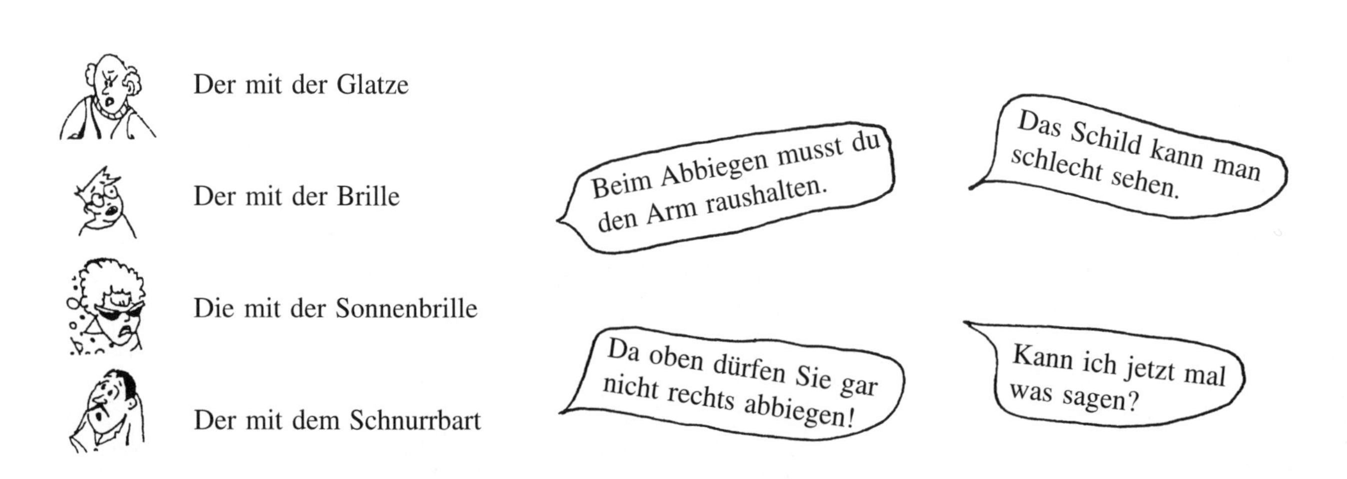

●●

Betrachte das Bild: Wer sagt was? Bilde Sätze zu den Situationen.

a)

Die mit der Schleife: „..

Die mit dem Hut: „..

Die mit den Ohrringen: „..

Der mit dem Vollbart: „..

Die mit dem Kopftuch: „..

Die mit der Brille: „..

———	dürfen	du immer aufpassen.
Das	Können	du hier gar nicht!
Da	Kannst	Sie anhalten!
Bei Rot	darfst	du nicht lesen?
Hier	müssen	Sie nicht aufpassen?
———	musst	Sie nicht halten!

b)

Der mit der Glatze: „..

Der mit der Brille: „..

Die mit der Sonnenbrille: „..

Der mit dem Schnurrbart: „..

Da oben	musst	man schlecht sehen.
———	kann	Sie gar nicht rechts abbiegen!
Beim Abbiegen	Kann	du den Arm raushalten.
Das Schild	dürfen	ich jetzt mal was sagen?

●

Wie ist der Unfall passiert? Setze die richtigen Formen im Perfekt ein und betrachte das Bild, wenn du die Situationen nicht verstehst.

1) Der Autofahrer ist von links (kommen) ...., hat nicht (aufpassen) .... und bei Rot nicht (anhalten) ....
2) Der Radfahrer ist von rechts (kommen) ...., nach links (abbiegen) .... und mit dem Auto (zusammenstoßen) ....
3) Der Mann mit dem Schnurrbart hat das Verbotsschild nicht (beachten) .... und ist in die falsche Richtung (fliegen) ....
4) Die Frau mit der Sonnenbrille hat noch (bremsen) ...., ist aber mit dem anderen Teppich (zusammenstoßen) ...., und beide Teppiche sind auf die Straße (fallen) ....
5) Der Motorradfahrer ist (rasen) ...., hat nicht (gucken) .... und ist über alle Leute (fliegen) ....
6) Die Frau und das Kind haben die ganze Zeit am Fußgängerüberweg (stehen) .... und die Straße nicht (überqueren) ....
7) Der Lieferwagen hat vor dem Unfall (wenden) ....

●●

Wie ist der Unfall passiert? Setze die richtigen Formen im Perfekt ein und betrachte das Bild, wenn du die Situationen nicht verstehst. Unten findest du die Verben in alphabetischer Reihenfolge.

1) Der Autofahrer .... von links ...., ... nicht ....und bei Rot nicht ....
2) Der Radfahrer .... von rechts ...., nach links .... und mit dem Auto ....
3) Der Mann mit dem Schnurrbart .... das Verbotsschild nicht beachtet und .... in die falsche Richtung ....
4) Die Frau mit der Sonnenbrille .... noch ...., ... aber mit dem anderen Teppich .... und beide Teppiche .... auf die Straße ....
5) Der Motorradfahrer ...., ... nicht .... und .... über alle Leute ....
6) Die Frau und das Kind .... die ganze Zeit am Fußgängerüberweg .... und die Straße nicht ....
7) Der Lieferwagen .... vor dem Unfall ....

abbiegen – anhalten – aufpassen – beachten – bremsen – fallen – fliegen (2×) – gucken – kommen (2×) – rasen – stehen – überqueren – wenden – zusammenstoßen (2×)

Didaktische Hinweise

Bild 1

Bild 2

Die Hauptpersonen dieses Kapitels sind die „Weiber von Weinsberg". Weinsberg, gelegen im schwäbischen Teil von Baden-Württemberg, ist Schauplatz dieser Sage mit historischem Kern, die 1818 von den Gebrüdern Grimm erstmals in schriftlicher Form veröffentlicht wurde.
Es bietet sich an, den Lernenden die Sage „Die Weiber zu Weinsberg" – eventuell in der Muttersprache – zu erzählen:

> Im Jahre 1140 befand sich der deutsche König Konrad III. im Krieg mit dem Herzog Welf von Baiern. Die königlichen Truppen belagerten die Burg Weinsberg, die dem Herzog gehörte. Weinsberg kapitulierte, und der König verurteilte alle männlichen Bewohner von Weinsberg zum Tode. Den Frauen schenkte er das Leben.
>
> Die Frauen erbaten vom König die Erlaubnis, alles mitnehmen zu dürfen, was sie auf ihrem Rücken tragen könnten. Der König war einverstanden. Da nahm jede Frau ihren Mann auf den Rücken, und so verließen sie die Burg. Der Herzog Friedrich, ein Neffe des Königs, protestierte und sagte, das sei nicht der Sinn der Abmachung gewesen. Der König aber lächelte und antwortete: „Ein königliches Wort, das einmal gesprochen und zugesagt ist, soll unverwandelt bleiben." Das Volk nannte seitdem die Burg „die Weibertreu".

(1) Die **Wortschatzseite** können Sie auf Folie kopieren und projizieren oder auf Papier kopieren und austeilen: Einführen und Einüben von Wortschatz.

(2) **Bild 1.** Zum Kontext: Es bietet sich an, den Lernenden zunächst nur den ersten Teil der Sage zu erzählen.

(3) Bild 1 (Kopie auf Folie oder Papier) mit der **dazugehörigen Aufgabe** (Kopie auf Papier): Sie haben die Möglichkeit der **Binnendifferenzierung**. In jedem Fall schneiden Sie die Kopie auseinander. Wer Variante • bearbeitet, benötigt auf jeden Fall eine Kopie des Bildes auf Papier und identifiziert dort die Personen nach den Informationen, die die Texte vorgeben. Wer Variante •• bearbeitet, produziert Sätze nach den Informationen, die das Bild vorgibt: Adjektivdeklination mit unbestimmtem Artikel (Singular) im Akkusativ und ohne Artikel (Plural) im Akkusativ. Die Ergebnisse können Sie gemeinsam besprechen, denn bei •• liegt jetzt als Ergebnis vor, was bei • Ausgangspunkt war, und alle können nun im Bild die dazugehörigen Personen identifizieren.

(4) Kopiervorlage zum Herstellen von **Bild 2** auf Folie kopieren. Um den erweiterten Kontext herzustellen, sollte spätestens jetzt den Lernenden der zweite Teil der Sage erzählt werden. Außerdem wird klar, dass hier ein Film über die Sage gedreht wird.
Die Folie zum Herstellen von Bild 2 wird über Bild 1 gelegt und so entsteht Bild 2: Entweder direkt auf dem Tageslichtprojektor – Bild 1 verwandelt sich vor den Augen der Lernenden in Bild 2 – oder als Fotokopie auf Papier.

→ Variante für Partnerarbeit
Wenn Sie Partnerarbeit durchführen wollen: Schneiden Sie die Folie zum Herstellen von Bild 2 in der Mitte senkrecht durch, so dass vier der getragenen Männer links und vier rechts sind. Dann kopieren Sie Bild 1 einmal mit dem übergelegten linken Teil der Folie (ergibt Bild 2A) und einmal mit dem übergelegten rechten Teil der Folie (ergibt Bild 2B). Die Partner beschreiben sich jetzt gegenseitig, was sie auf ihrer neuen Bildhälfte sehen und zeichnen das Gehörte in ihr Bild ein.

Redemittel:

Die große Dicke mit Die kleine Schlanke mit …	+ *Dativ*	trägt jetzt	einen großen dünnen Mann einen kleinen dicken Mann …	mit + *Dativ*

Links Rechts Auf dem Baum	steht sitzt	ein Mann ein Junge ein Mädchen eine Frau	mit + *Dativ*

Sie entscheiden, in welchem Maße die Lernenden hier Adjektive verwenden sollen.

(5) **Aufgabe 1 zu Bild 2:**
Die Lernenden betrachten das Bild und bearbeiten die Aufgabe, in der es um die getragenen Männer geht. Hier haben Sie wieder die Möglichkeit der **Binnendifferenzierung**: Entweder Sie lassen Variante • oder die schwierigere Variante •• bearbeiten. In beiden Varianten geht es um die Adjektivdeklination mit bestimmtem Artikel im Dativ, ohne Artikel im Dativ und mit unbestimmtem Artikel im Akkusativ. Die Ergebnisse können Sie gemeinsam besprechen, denn das frei formulierte Ergebnis von •• ist vergleichbar mit den von • vervollständigten Sätzen, der Beispielsatz war schließlich identisch.

(6) **Aufgabe 2 zu Bild 2:**
Die Lernenden betrachten das Bild und bearbeiten die Aufgabe, in der es um die Personen jenseits der Absperrungen geht. Schwerpunkt ist hier die Adjektivdeklination mit unbestimmtem Artikel im Dativ.
Zwecks **Binnendifferenzierung** wählen Sie unter drei Möglichkeiten:

Variante • : Hier müssen nur Sätze „gebaut“ werden, die den Informationen auf dem Bild entsprechen. Alle Deklinationsendungen sind bereits vorgegeben.

Variante •• : Hier müssen nach einem Beispielsatz Sätze „gebaut“ werden, die den Informationen auf dem Bild entsprechen. Die Deklinationsendungen müssen gebildet werden.

Variante ••• : Nach demselben Beispielsatz wie in •• müssen hier die Personen frei, ohne weitere Hilfsmittel, beschrieben werden.

Die Ergebnisse können Sie wiederum gemeinsam besprechen, denn selbst wenn in Ihrem Kurs alle drei Varianten gleichzeitig, von verschiedenen Lernenden, bearbeitet wurden, so haben jetzt alle Teilnehmer/innen Ergebnisse auf praktisch demselben sprachlichen Niveau vorliegen.

die Bluse
die Haube
der Helm
das Hemd
die Hose
der Hut
die Jacke
das Kleid
das Kopftuch
der Mantel
die Mütze
der Pullover
der Rock
die Sandale
die Schürze
der Schuh
der Strumpf
das T-Shirt
das Wams
die Weste

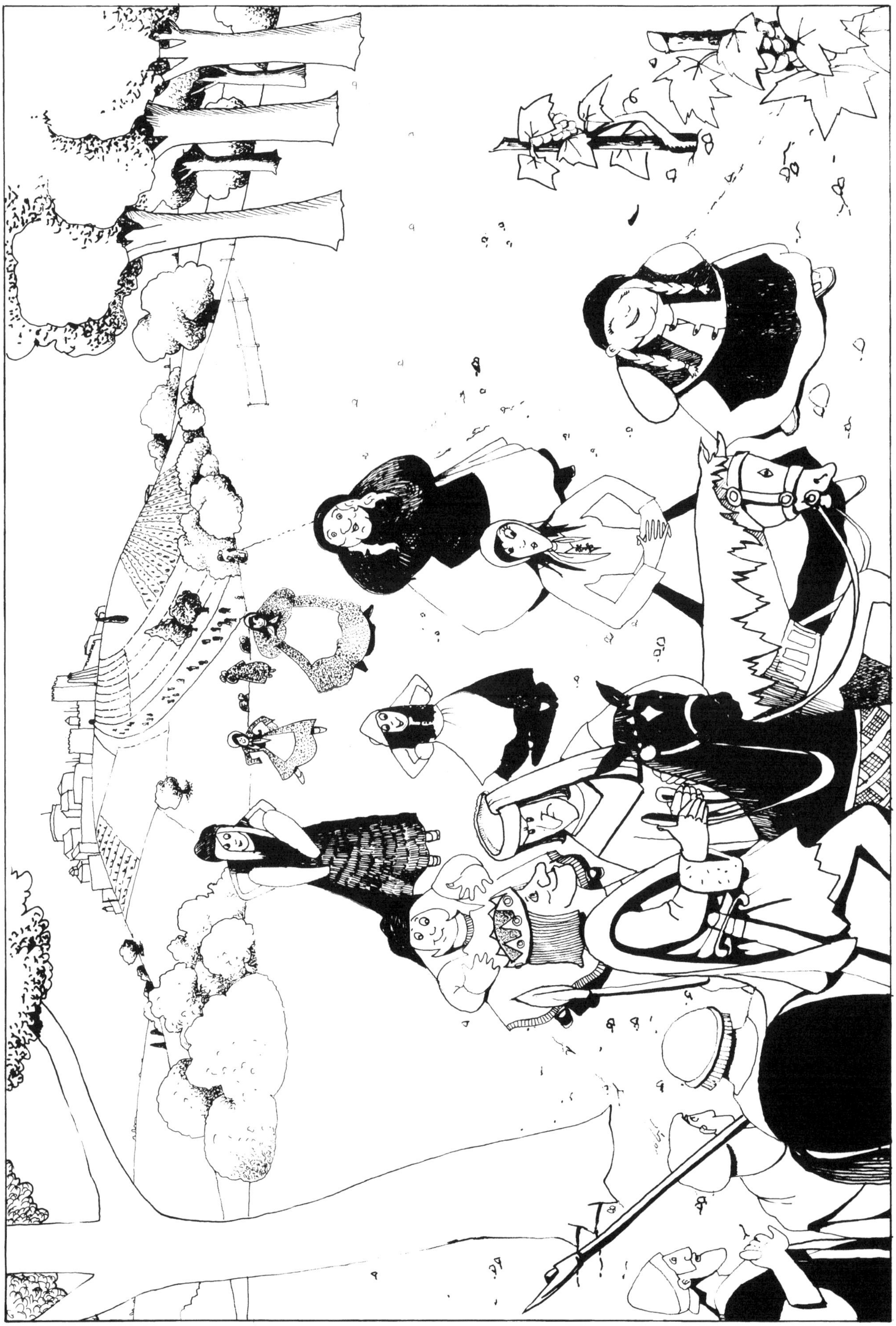

●

Lies die folgenden Texte und betrachte das Bild.
Identifiziere im Bild die Frauen und schreibe die richtigen Zahlen daneben.

1 Eine Frau ist klein und schlank, hat dunkle lange Haare und trägt dunkle Schuhe, einen dunklen Rock, eine helle Schürze, eine helle Bluse, eine dunkle Weste und eine helle Haube.

2 Sie hat blonde lange Haare, trägt eine dunkle Haube, ein dunkles Kleid und helle Schuhe und ist groß und schlank.

3 Ich habe lange blonde Haare, trage eine helle Bluse, eine dunkle Weste, einen hellen Rock, eine dunkle Schürze, helle Schuhe und eine dunkle Haube und ich bin klein und nicht schlank.

4 Sie trägt ein helles Kopftuch, ein dunkles Kleid, eine helle Schürze und dunkle Schuhe, ist groß und dick und hat dunkle lange Haare.

5 Eine Frau hat dunkle lange Haare, ist groß und schlank und trägt helle Schuhe, eine helle Schürze, einen dunklen Rock, eine helle Bluse und ein helles Kopftuch.

6 Eine ist klein und schlank, trägt ein helles Kopftuch, ein dunkles Kleid, eine helle Schürze und helle Schuhe und hat dunkle lange Haare.

7 Sie trägt dunkle Schuhe, ein helles Kleid und eine dunkle Haube, hat blonde lange Haare und ist klein und dick.

8 Ich trage einen hellen Rock, eine dunkle Schürze, dunkle Schuhe und ein dunkles Kopftuch, bin groß und etwas dick und habe lange blonde Haare.

●●

Betrachte das Bild und beschreibe die Frauen. Die nötigen Vokabeln findest du unten.

Eine Frau ist ... klein und schlank ..., hat .... dunkle, lange Haare .... und trägt .... dunkle Schuhe, einen dunklen Rock, eine helle Schürze, eine helle Bluse, eine dunkle Weste und eine helle Haube ..... .

Eine hat ...., ist .... und trägt ....

....

....

Eine trägt ....

....,

hat .... und ist ....

Eine Frau hat ...., trägt ....

....

und ist .... Eine ist ...., trägt

....

....

und hat .... Eine trägt ....

....,

ist .... und hat .... Eine

Frau trägt ....

...., hat

.... und ist .... Eine ist

...., hat ....und trägt

....

....

	Haare:	**Kleidung:**		
groß	lang	Haube	Rock	Schuhe
klein	blond	Kopftuch	Schürze	hell
dick	dunkel	Bluse	Kleid	dunkel
schlank		Weste		

●

Betrachte das Bild und fülle die Lücken aus. Lies dazu das Beispiel:

Die kleine Dicke mit den blonden langen Haaren, der dunklen Haube und der hellen Bluse trägt jetzt einen großen dünnen Mann auf dem Rücken mit dunklem Hut, hellem Wams, heller Hose und dunklen Schuhen.

1) Die große Schlanke mit ...... dunklen langen Haaren, ... hellen Kopftuch und ...... dunklen Rock trägt jetzt einen großen dicken Mann auf dem Rücken mit .... Hut, ... Wams, ... Hose und .... Sandalen.
2) Die kleine Dicke mit ...... langen blonden Haaren, ... dunklen Haube und ...... hellen Kleid trägt jetzt einen .... Mann auf dem Rücken mit .... Schuhen, ... Hose, ... Hemd und .... Hut.
3) Die große Schlanke mit ...... blonden langen Haaren, ... dunklen Kleid und ...... dunklen Haube trägt jetzt einen .... Mann auf dem Rücken mit .... Hut, ... Wams, ... Hose und .... Schuhen.
4) Die kleine Schlanke mit ...... langen dunklen Haaren, ... dunklen Kleid und ...... hellen Schürze trägt jetzt einen .... Mann auf dem Rücken mit .... Kapuze, ... Wams, ... Hose und .... Schuhen.
5) Die große Dicke mit ...... dunklen langen Haaren, ... hellen Kopftuch und ...... hellen Schürze trägt jetzt einen .... Mann auf dem Rücken mit .... Hut, ... Hose und .... Schuhen.
6) Die schlanke Kleine mit ...... langen dunklen Haaren, ... dunklen Weste und ...... dunklen Rock trägt jetzt einen .... Mann auf dem Rücken mit .... Wams, ... Hose und .... Schuhen.
7) Die dicke Große mit ...... blonden langen Haaren, ... dunklen Kopftuch und ...... dunklen Bluse trägt jetzt einen .... Mann auf dem Rücken mit .... Hut, ... Hemd, ... Hose und .... Schuhen.

●●

Betrachte das Bild und beschreibe die Frauen und Männer. Lies dazu das Beispiel:

Die kleine Dicke mit den blonden langen Haaren, der dunklen Haube und der hellen Bluse trägt jetzt einen großen dünnen Mann auf dem Rücken mit dunklem Hut, hellem Wams, heller Hose und dunklen Schuhen.

....

....

....

....

....

....

....

....

....

....

....

....

●

Betrachte das Bild: Da wird ein Film gedreht. Beschreibe die Jungen und Mädchen, die zugucken. Benutze dazu dieses Schema:

						Haaren
						Mütze
Links					blonden	Bluse
		ein Junge		____	kurzen	Hemd
	steht				langen	T-Shirt
Rechts				einem	hellen	Pullover
			mit		dunklen	Hose
	sitzt			einer	gestreiften	Rock
Auf dem Baum		ein Mädchen			karierten	Kleid
					quadratisch gemusterten	Strümpfen
						Schuhen
						Sandalen

●●

Betrachte das Bild: Da wird ein Film gedreht. Benutze das Schema und beschreibe die Jungen und Mädchen wie im Beispiel:

Links steht ein Junge mit einer dunklen Mütze, einem gestreiften Hemd, mit einer langen hellen Hose und hellen Schuhen.

						Haare
						Mütze
Links					blond	Bluse
		ein Junge		____	kurz	Hemd
	steht				lang	T-Shirt
Rechts				ein	hell	Pullover
			mit		dunkel	Hose
	sitzt			eine	gestreift	Rock
Auf dem Baum		ein Mädchen			kariert	Kleid
					quadratisch gemustert	Strümpfe
						Schuhe
						Sandalen

●●●

Betrachte das Bild: Da wird ein Film gedreht. Beschreibe die Jungen und Mädchen wie im Beispiel:

Links steht ein Junge mit einer dunklen Mütze, einem gestreiften Hemd, mit einer langen hellen Hose und hellen Schuhen.

Didaktische Hinweise

Bild 1

Bild 2

In diesem Kapitel spielen Figuren aus Geschichte, Legenden und Literatur die Hauptrolle:

Ariadne: Figur aus der griechischen Sagenwelt, die dem Theseus mit einem Faden aus dem Labyrinth des Minotaurus heraushalf.
Till Eulenspiegel: Traditionelle deutsche Narrenfigur, lebte wahrscheinlich im 14. Jahrhundert in Norddeutschland. Die heute bekannte literarische Version ist von Hermann Bote wahrscheinlich um 1510 in Braunschweig geschrieben worden.
Nasreddin Hodscha: Traditionelle Schelmenfigur aus der muslimischen Welt. Auch heute in etlichen Ländern mit muslimischer Bevölkerung ein Begriff.
Mary Poppins: Fantastische Figur. 1934 wurde in England das gleichnamige Buch von P. L. Travers veröffentlicht.
Wilhelm Tell: Schweizerische Sagenfigur und Nationalheld mittelalterlichen Ursprungs. Das älteste fassbare Zeugnis, das Bundeslied, stammt von 1477.
Der liebe Augustin: Österreichische Sagenfigur aus dem 17. Jahrhundert. Lebte als Bänkelsänger und Geschichtenerzähler in Wien.
Pippi Langstrumpf: Hauptfigur mehrerer Kinderbücher, geschrieben von der schwedischen Schriftstellerin Astrid Lindgren, erstmals 1945 veröffentlicht.
Die kleine Hexe: Hauptfigur des gleichnamigen Kinderbuchs des deutschen Schriftstellers Otfried Preußler, erstmals 1957 veröffentlicht.
Ikarus: Figur aus der griechischen Sagenwelt. Ikarus und sein Vater Dädalus befestigten mit Wachs Federn an ihrem Körper und begannen zu fliegen. Trotz der Warnungen seines Vaters näherte sich Ikarus zu sehr der Sonne, das Wachs schmolz und Ikarus stürzte ab.
Alice im Wunderland: Hauptfigur der gleichnamigen Erzählung des englischen Schriftstellers Lewis Carroll, erstmals 1865 veröffentlicht. Indem Alice einem weißen Kaninchen in seinen Bau folgt, gelangt sie ins Wunderland.
Pinocchio: Traditionelle italienische Figur, bis ins 13. Jahrhundert zurückverfolgbar. Gleichnamiger Roman von Carlo Collodi, 1878 als Lose-Blatt-Sammlung veröffentlicht, 1883 als Buch.
Max und Moritz: Hauptfiguren der gleichnamigen Lausbuben-Geschichte des deutschen Schriftstellers und Zeichners Wilhelm Busch, erstmals 1865 veröffentlicht. Der Schneider Böck ist eins der Opfer der Streiche von Max und Moritz.
Rapunzel: International bekanntes Märchen, von den Gebrüdern Grimm 1812 in Schriftform veröffentlicht.
Heidi: Hauptfigur zweier Bücher der Schweizer Schriftstellerin Johanna Spyri, erstmals 1880 veröffentlicht.
Der Rattenfänger von Hameln: Deutsche Sagenfigur mit dokumentarischer Erwähnung im Stadtbuch von Hameln im 14. Jahrhundert.

(1) Die **Wortschatzseite** können Sie auf Folie kopieren und projizieren oder auf Papier kopieren und austeilen: Einführen und Einüben von Wortschatz.

(2) **Bild 1.** Zum Kontext: Hier begegnen sich oben erwähnte Figuren in ein und derselben Szenerie, kreative Freizeitgestaltung macht's möglich.

(3) Bild 1 (Kopie auf Folie oder Papier) mit der **dazugehörigen Aufgabe** (Kopie auf Papier): Hier identifizieren die Lernenden die einzelnen Personen ausschließlich mit Hilfe des Bildes und der Informationen aus der Aufgabe. Die in diesem Kommentar oben angegebenen Zusatzinformationen benötigen die Lernenden zu diesem Zeitpunkt noch nicht. Sie haben die Möglichkeit der **Binnendifferenzierung**: In Variante • müssen die Lernenden lediglich den soeben erworbenen Wortschatz aus der Wortschatzseite verwenden, in Variante •• müssen sie außerdem die richtigen Relativpronomen einsetzen.
Wenn Sie der Meinung sind, dass die Lernenden vor Beginn der Aufgabe bereits über die Personen informiert sein sollten, können Sie ihnen beispielsweise eine Liste mit den Namen aushändigen, mit der Aufgabe, im Internet Informationen zu sammeln (z.B. über http://www.google.de).

(4) Kopiervorlage zum Herstellen von **Bild 2** auf Folie kopieren.
Die Folie zum Herstellen von Bild 2 wird über Bild 1 gelegt und so entsteht Bild 2: Entweder direkt auf dem Tageslichtprojektor – Bild 1 verwandelt sich vor den Augen der Lernenden in Bild 2 – oder als Fotokopie auf Papier.

(5) **Aufgabe 1 zu Bild 2:**
Bild 2 ist voller Widersprüche bzw. unsinniger Einzelsituationen. Spätestens jetzt brauchen die Lernenden die Zusatzinformationen zu den einzelnen Figuren, um tatsächlich alle Widersprüche erfassen zu können. Die erkannten Widersprüche formulieren sie in Konzessivsätzen. Auch hier haben Sie wieder die Möglichkeit der **Binnendifferenzierung**: In Variante • müssen die Lernenden die vorgegebenen Sätze im konzessiven Sinne nach den Aussagen des Bildes miteinander verbinden, in Variante •• müssen sie die Nebensätze nach den Informationen des Bildes frei formulieren. Die Ergebnisse können Sie gemeinsam besprechen, da alle Lernenden jetzt inhaltlich vergleichbare Sätze mit derselben grammatischen Struktur vorliegen haben.

(6) **Aufgabe 2 zu Bild 2:**
Hier ist der Sachverhalt sprachlich gewendet worden: Die Unsinnigkeit jeder Einzelsituation muss jetzt erklärt werden. Dies geschieht in Kausalsätzen. Schlüsselvokabeln hierfür sind: *unsinnig, unnötig, erstaunlich, logisch, unmöglich, gefährlich/ungefährlich, klar.* Nach der Bearbeitung von Aufgabe 1 dürfte diese Aufgabe keine größere Schwierigkeit mehr darstellen.

angeln
baden
basteln
Briefmarken sammeln
Drachen fliegen
Gleitschirm fliegen
kochen
lesen
malen
musizieren
Rad fahren
reiten
Rollschuh laufen
Schlittschuh laufen
Skateboard fahren
Ski fahren
spazieren gehen
stricken
Tischtennis spielen
wandern

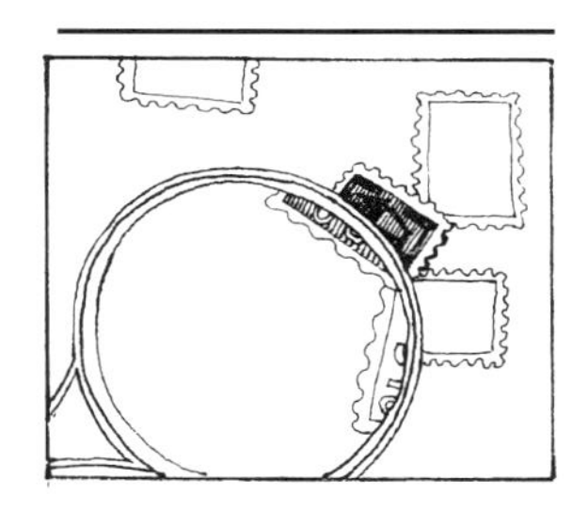

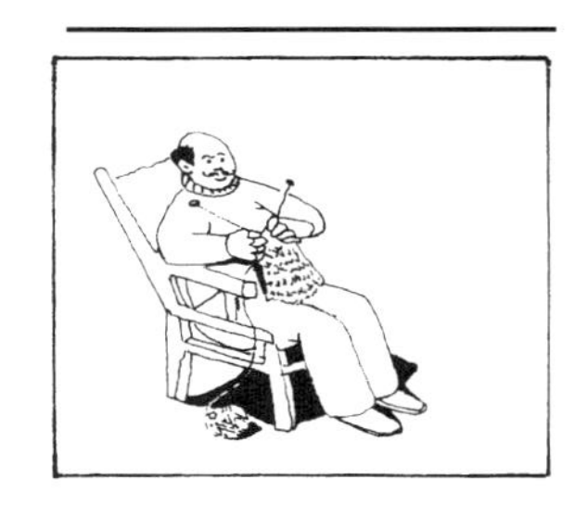

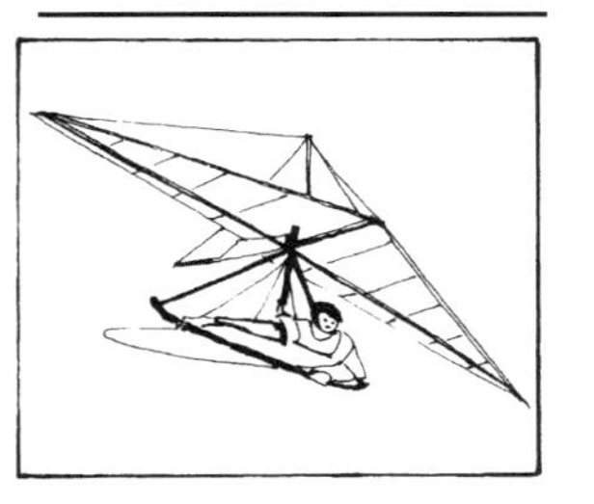

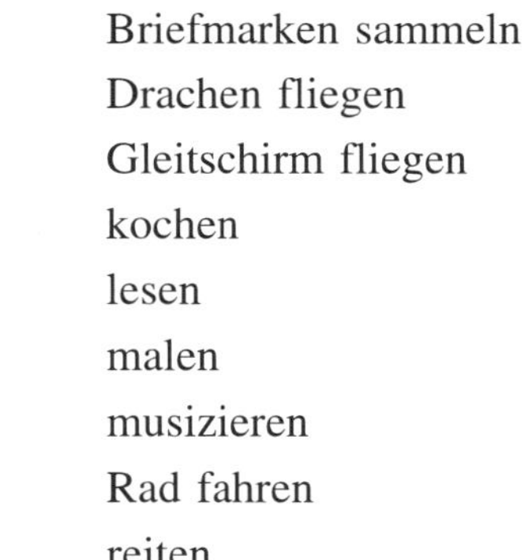

●

Betrachte das Bild und finde heraus: Wer ist wer? Wer macht was?

1) Ariadne ist die, die eine Landkarte liest. Sie .... gerade.
2) Till Eulenspiegel ist der, dessen Hut gleich runterfällt. Er .... gerade ....
3) Nasreddin Hodscha ist der, den wir links hinter Mary Poppins sehen. Er .... gerade ....
4) Mary Poppins ist die, der Ariadne gleich begegnet. Sie .... gerade ....
5) Wilhelm Tell ist der, der eine Waffe in der Hand hält. Er .... gerade ....
6) Der liebe Augustin ist der, dem die Katzen hinterherlaufen. Er .... gerade.
7) Pippi Langstrumpf ist die, deren Zöpfe im Wind fliegen. Sie .... gerade ....
8) Die kleine Hexe ist die, der der Wind ins Gesicht bläst. Sie .... gerade ....
9) Ikarus ist der, dem es in der Luft gefällt. Er .... gerade ....
10) Alice imWunderland ist die, die wir mit einer Mohrrübe sehen. Sie .... gerade.
11) Pinocchio ist der, den die Fische nicht mögen. Er .... gerade.
12) Max und Moritz sind die, denen der Schneider Böck hinterherläuft. Sie .... gerade ....
13) Rapunzel ist die, die gerade aus dem Fenster guckt. Sie .... gerade.
14) Heidi ist die, die die Ziegen mögen. Sie .... gerade.

●●

Betrachte das Bild und finde heraus: Wer ist wer? Wer macht was?

1) Ariadne ist die, ... eine Landkarte liest. Sie .... gerade.
2) Till Eulenspiegel ist der, ... Hut gleich runterfällt. Er .... gerade ....
3) Nasreddin Hodscha ist der, ... wir links hinter Mary Poppins sehen. Er .... gerade ....
4) Mary Poppins ist die, ... Ariadne gleich begegnet. Sie .... gerade ....
5) Wilhelm Tell ist der, ... eine Waffe in der Hand hält. Er .... gerade ....
6) Der liebe Augustin ist der, ... die Katzen hinterher laufen. Er .... gerade.
7) Pippi Langstrumpf ist die, ... Zöpfe im Wind fliegen. Sie .... gerade ....
8) Die kleine Hexe ist die, ... der Wind ins Gesicht bläst. Sie .... gerade ....
9) Ikarus ist der, ... es in der Luft gefällt. Er .... gerade ....
10) Alice imWunderland ist die, ... wir mit einer Mohrrübe sehen. Sie .... gerade.
11) Pinocchio ist der, ... die Fische nicht mögen. Er .... gerade.
12) Max und Moritz sind die, ... der Schneider Böck hinterherläuft. Sie .... gerade ....
13) Rapunzel ist die, ... gerade aus dem Fenster guckt. Sie .... gerade.
14) Heidi ist die, ... die Ziegen mögen. Sie .... gerade.

●
Betrachte das Bild und finde heraus, was zusammengehört:

Till Eulenspiegel fährt Ski,
Ariadne benutzt ihren Faden,
Nasreddin Hodscha schlägt mit der Peitsche,
Mary Poppins öffnet ihren Schirm nicht,
Wilhelm Tell trifft den Apfel,
Die Katzen laufen dem Rattenfänger von Hameln hinterher,
Pippi Langstrumpf läuft Schlittschuh,
Die kleine Hexe benutzt einen Gleitschirm,
Ikarus fliegt mit dem Drachen,
Das Kaninchen galoppiert mit Alice im Wunderland weiter,
Pinocchio angelt weiter,
Max und Moritz laufen Rollschuh,
Der Prinz kann noch nicht zu Rapunzel hochklettern,
Heidi liest weiter,

obwohl

sie mit dem Besen schnell fliegt.
ihr Schal schon sehr lang ist.
er und sein Sohn Skateboard fahren.
vor ihm ein Wolf wartet.
der liebe Augustin weitermusiziert.
sie eine Landkarte hat.
er schon viele Fische hat.
es regnet.
kein Schnee liegt.
die Ziege das Buch frisst.
viele Steine auf dem Weg liegen.
der Teich nicht zugefroren ist.
die Sonne scheint.
er nicht auf dem Esel reitet.

●●
Betrachte das Bild und vervollständige die Sätze:

1) Till Eulenspiegel fährt Ski, obwohl ....
2) Ariadne benutzt ihren Faden, obwohl ....
3) Nasreddin Hodscha schlägt mit der Peitsche, obwohl ....
....
4) Mary Poppins öffnet ihren Schirm nicht, obwohl ....
5) Obwohl Wilhelm Tell und sein Sohn Skateboard fahren, ...
....
6) Obwohl der liebe Augustin weitermusiziert, ...
....
7) Pippi Langstrumpf läuft Schlittschuh, obwohl ....
8) Obwohl die kleine Hexe mit dem Besen schnell fliegt, ...
....
9) Ikarus fliegt mit dem Drachen, obwohl ....
10) Das Kaninchen galoppiert mit Alice im Wunderland weiter, obwohl ....
....
11) Pinocchio angelt weiter, obwohl ....
12) Max und Moritz laufen Rollschuh, obwohl ....
....
13) Obwohl der Schal von Rapunzel schon sehr lang ist, ...
....
14) Obwohl die Ziege das Buch frisst, ...

Betrachte das Bild und vervollständige diese Sätze:

1) Dass Till Eulenspiegel Ski fährt, ist unmöglich, denn ....

....

2) Dass Ariadne ihren Faden benutzt, ist unnötig, denn ....

....

3) Dass Nasreddin Hodscha mit der Peitsche schlägt, ist unsinnig, denn ....

....

4) Dass Mary Poppins ihren Schirm nicht öffnet, ist unsinnig, denn ....

....

5) Dass Wilhelm Tell den Apfel trifft, ist erstaunlich, denn ....

....

6) Dass die Katzen dem Rattenfänger von Hameln hinterherlaufen, ist logisch, denn ....

....

7) Dass Pippi Langstrumpf Schlittschuh läuft, ist unmöglich, denn ....

....

8) Dass die kleine Hexe einen Gleitschirm benutzt, ist unsinnig, denn ....

....

9) Dass Ikarus bei Sonnenschein Drachen fliegt, ist ungefährlich, denn ....

....

10) Dass das Kaninchen mit Alice im Wunderland weitergaloppiert, ist gefährlich, denn ....

....

11) Dass Pinocchio weiterangelt, ist unnötig, denn ....

....

12) Dass Max und Moritz Rollschuh laufen, ist unsinnig, denn ....

....

13) Dass der Prinz nicht zu Rapunzel hochklettern kann, ist klar, denn ....

....

14) Dass Heidi weiterliest, ist erstaunlich, denn ....

....

Didaktische Hinweise

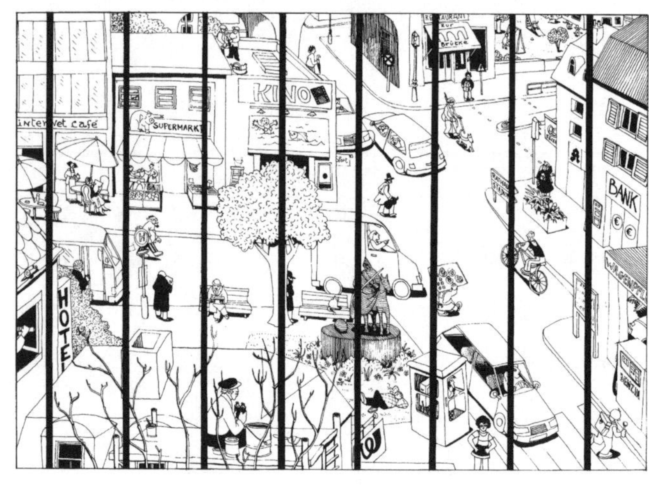

Bild 1

Bild 2

(1) Die **Wortschatzseite** können Sie auf Folie kopieren und projizieren oder auf Papier kopieren und austeilen: Einführen und Einüben von Wortschatz.

(2) **Bild 1.** Zum Kontext: Das Bild ist gezeichnet aus der Perspektive von jemand, der hinter einer geöffneten Senkrecht-Jalousie am Fenster steht und das Geschehen draußen betrachtet.

(3) Bild 1 (Kopie auf Folie oder Papier) mit der **dazugehörigen Aufgabe** (Kopie auf Papier): Die Lernenden erhalten auf dem Aufgabenblatt Informationen zum Kontext des Bildes. Sie haben die Möglichkeit der **Binnendifferenzierung**: In Variante • müssen die Lernenden alle Elemente der drei Spalten nach den Informationen des Bildes miteinander verbinden und als einzige produktive Grammatik-Leistung jeweils das Verb in die richtige Form bringen. In Variante •• müssen Elemente aus vier Spalten verwendet werden, wobei außerdem die dem Bild entsprechende und grammatisch richtige Verbindung zwischen Präposition und Nomen gebildet werden muss. Die Aufgabe ist nicht so schwierig, wie ihr Umfang vermuten lässt: Die Elemente der rechten Spalte lenken die Sucharbeit auf dem Bild. Sind die entsprechenden Personen gefunden, müssen nur noch die Elemente der anderen Spalten zugeordnet werden.

(4) Kopiervorlage zum Herstellen von **Bild 2** auf Folie kopieren. Die Perspektive des Betrachters ist dieselbe geblieben, allerdings sind die senkrechten Lamellen der Jalousie ein wenig geschlossen worden und währenddessen ist natürlich einiges passiert.
Die Folie zum Herstellen von Bild 2 wird über Bild 1 gelegt und so entsteht Bild 2: Entweder direkt auf dem Tageslichtprojektor – Bild 1 verwandelt sich vor den Augen der Lernenden in Bild 2 – oder als Fotokopie auf Papier.

→ Variante für Partnerarbeit
Wenn Sie Partnerarbeit durchführen wollen: Schneiden Sie die Folie zum Herstellen von Bild 2 am rechten Rand der vierten Lamelle von links senkrecht durch. Dann kopieren Sie Bild 1 einmal mit dem übergelegten linken Teil der Folie (ergibt Bild 2A) und einmal mit dem übergelegten rechten Teil der Folie (ergibt Bild 2B). Erzählen Sie den Lernenden den Kontext, wie er auf dem Aufgabenblatt zu Bild 2 dargestellt ist. Die Partner beschreiben sich jetzt gegenseitig, was sie auf ihrer neuen Bildhälfte sehen und zeichnen das Gehörte in ihr Bild ein.

Redemittel:

Der Mann auf dem Dach	weggehen	
Die Frau vor der Apotheke	sich hinsetzen	(Perfekt)
Die Person mit dem Tablett	weitergehen	
...	...	

Das Einzeichnen des Gehörten kann mit Hilfe einfacher Pfeile („weitergegangen") oder Kreuze („weggegangen") durchgeführt werden.

(5) **Aufgabe zu Bild 2:**
Zum Lösen dieser Aufgabe sollten die Lernenden beide Bilder gleichzeitig betrachten: entweder beide als Fotokopie oder eins als Fotokopie, das andere projiziert. Die Lernenden betrachten die Bilder und tragen die Informationen mit Hilfe des Vokabulars der Randspalte in das Aufgabenblatt ein. Auch hier gibt es wieder die Möglichkeit der **Binnendifferenzierung**: Variante • bearbeitet, wer mit der Zuordnung des treffenden Verbs in der vorgegebenen Perfektform bereits seine derzeitige Obergrenze erreicht, Variante •• bearbeitet, wem darüber hinaus auch die Bildung der entsprechenden Perfektform zuzutrauen ist. Die Ergebnisse können Sie gemeinsam besprechen, denn sie sind gleich, nur der Weg dorthin war verschieden.

(6) Zum Schluss geben Sie den Lernenden die Auflösung: Die einzige Person, die sich zwischen Bild 1 und Bild 2 nicht bewegt hat, ist die Person, die die Bank überfallen will.

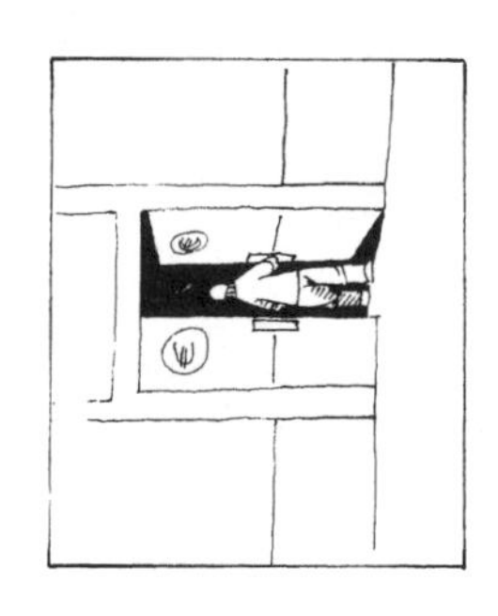
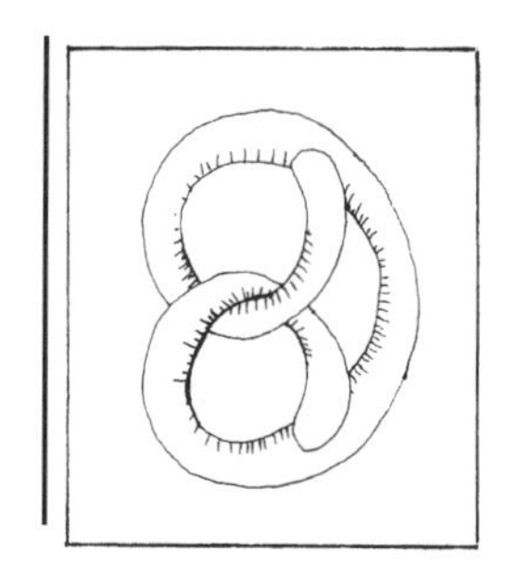

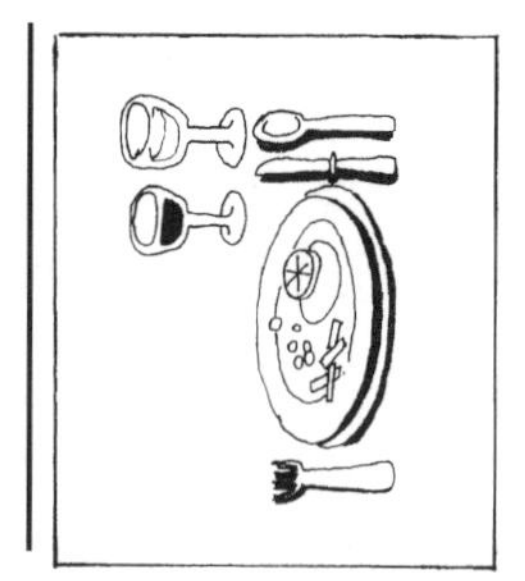

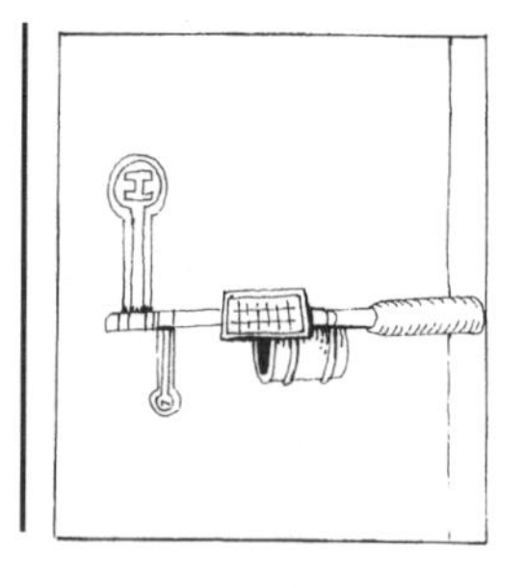
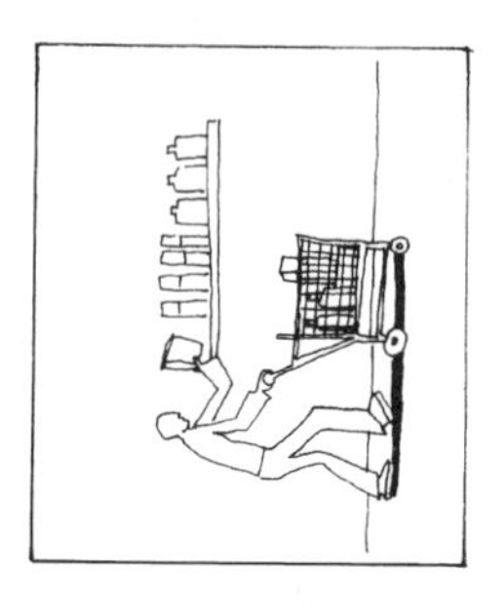
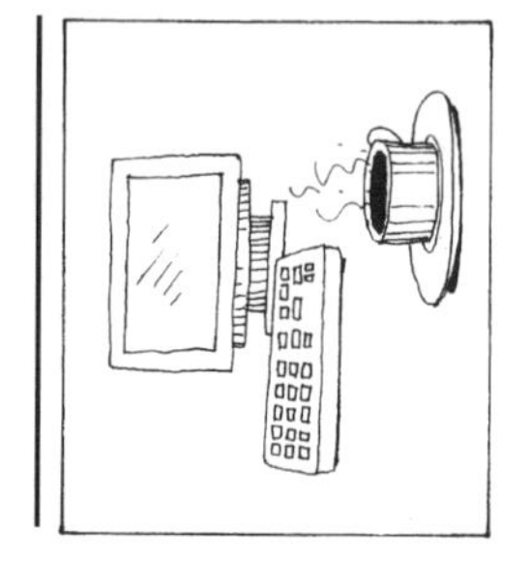
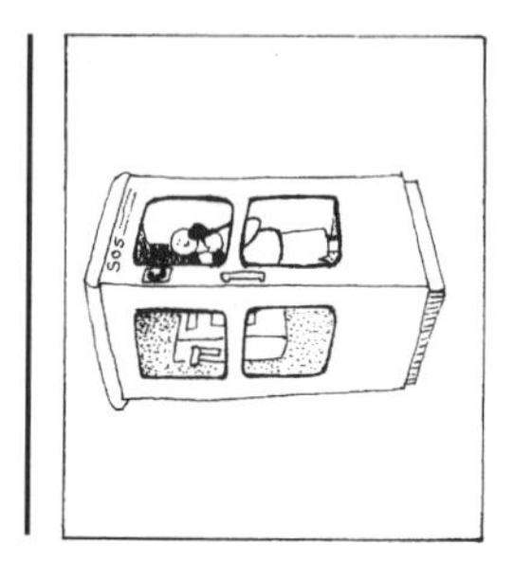

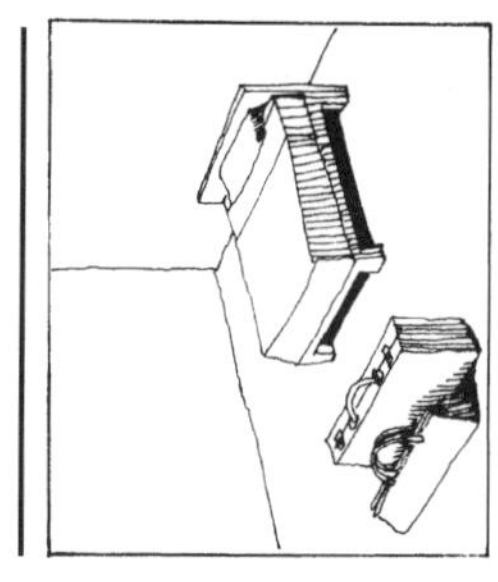

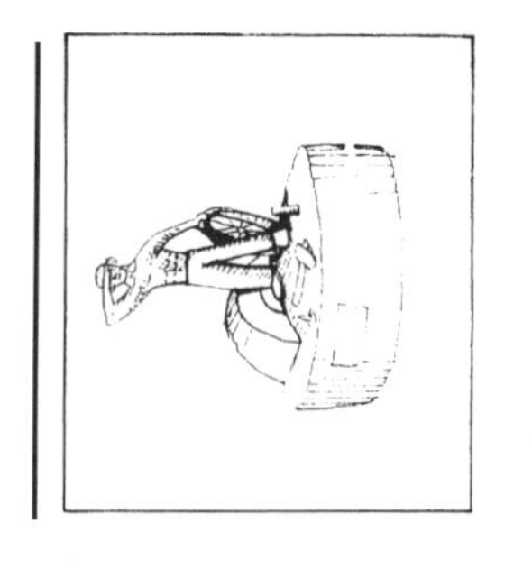
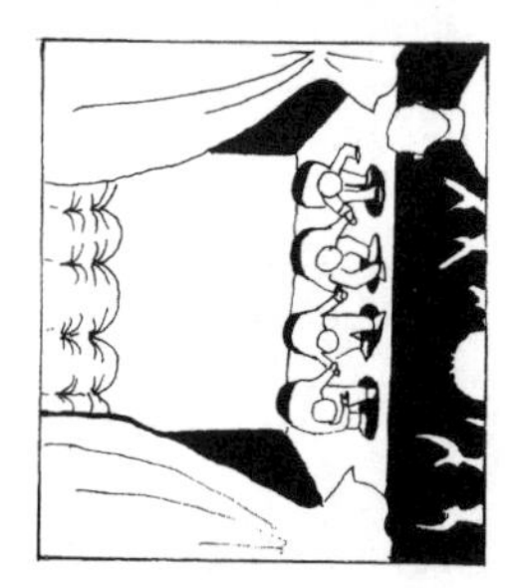

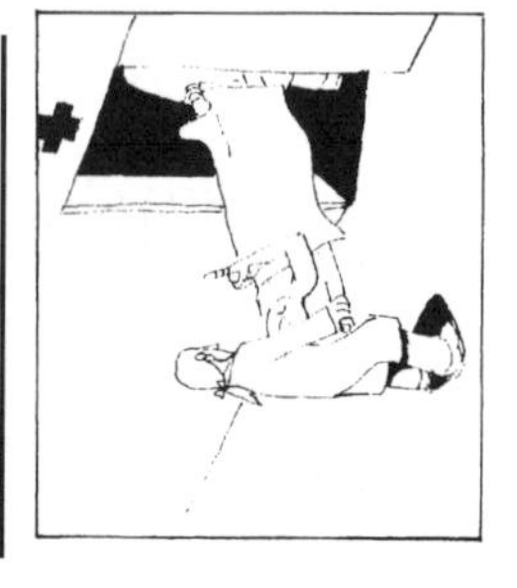

die Apotheke
die Bäckerei
die Bank
der Briefkasten
die Brücke
die Buchhandlung
das Denkmal
die Haltestelle
das Hotel
das Internet-Café
das Kino
das Krankenhaus
die Parkbank
die Post
das Restaurant
der Spielplatz
der Supermarkt
die Tankstelle
die Telefonzelle
das Theater

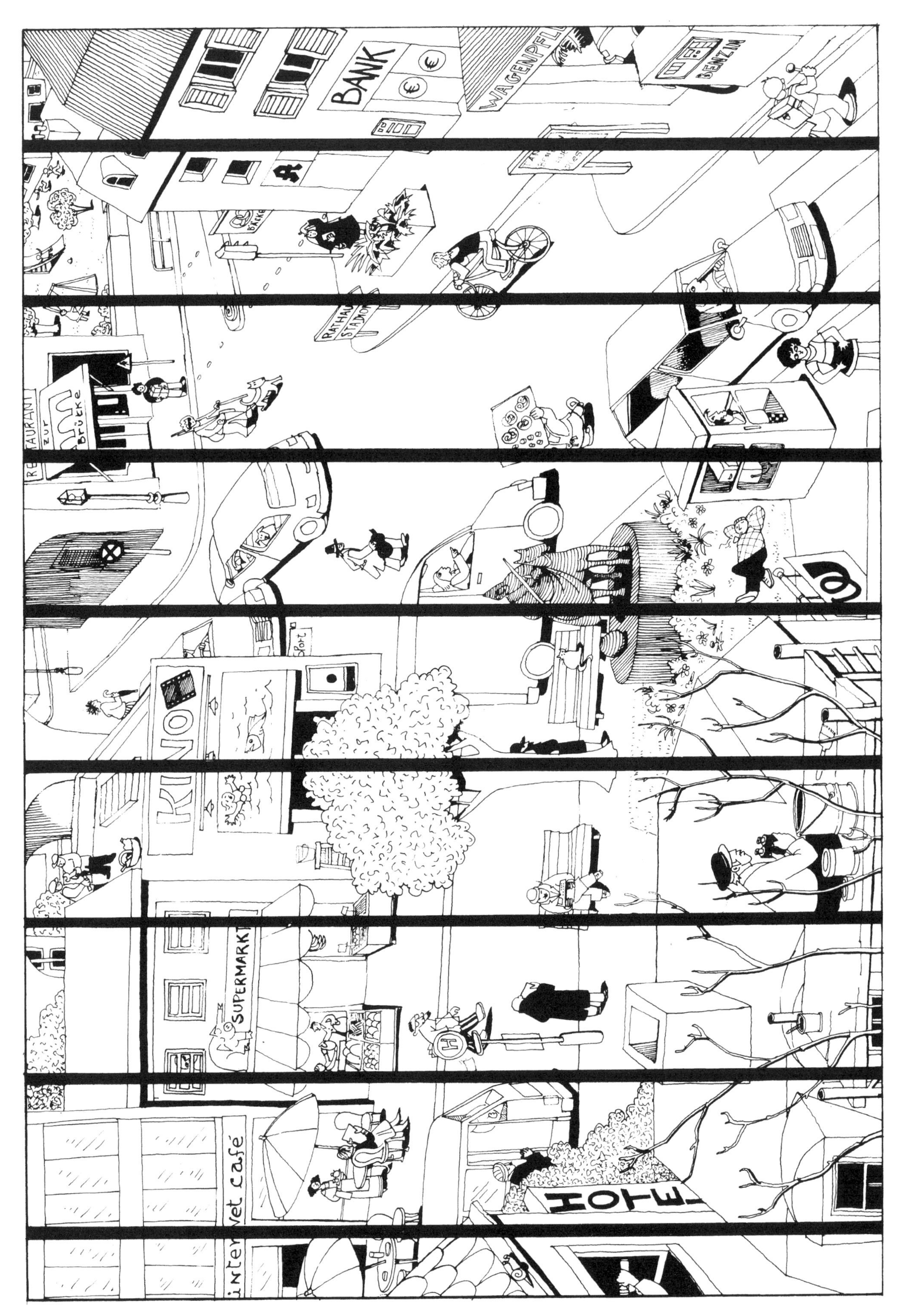
BANK
BENZIN
RESTAURANT ZUR BRÜCKE
KINO
SUPERMARKT
Internet Café

●

Ein Detektiv hat die Information bekommen, dass jemand die Bank überfallen will. Er weiß nicht wer. Der Detektiv beobachtet vom Fenster aus alle Leute. Die Jalousie ist geöffnet. Betrachte das Bild und schreib auf, was der Detektiv sieht. Benutze dazu dieses Schema:

Vor der Bank		eine Frau.
An der Haltestelle		ein Mann mit dem Rad.
Im Supermarkt		ein Kind über die Straße.
Vor der Bank		ein Mädchen.
Vor dem Fenster		ein Mann mit Musikinstrument über die Straße.
Unter dem Sonnenschirm		ein Mann auf dem Gerüst.
Vor dem Denkmal		ein Mann mit einem Paket.
Neben dem Kino	stehen	eine Person mit einem Tablett über die Straße.
Vor dem Restaurant	gehen	ein Mann auf der Straße.
Im Hotel	laufen	jemand am Fenster.
Vor der Apotheke	fahren	eine Frau und liest.
Hinter dem Baum	sitzen	jemand und telefoniert.
Vor der Telefonzelle	liegen	ein Mann und liest.
Vor dem Restaurant		zwei Männer auf dem Dach.
Auf der Parkbank		ein Mann auf dem Rasen.
In der Telefonzelle		eine Frau mit Regenschirm über die Straße.
Vor dem Supermarkt		ein Mann im Auto.
Auf dem Kino		eine Frau im Lieferwagen.
Vor der Tankstelle		jemand.
Vor dem Bus		eine blinde Frau mit Hund über die Straße.
Unter der Brücke		ein Mann und liest.
Neben der Telefonzelle		ein Mann mit einem schwarzen Hut.
Hinter dem Denkmal		ein Mann mit zwei Tüten.

Ein Detektiv hat die Information bekommen, dass jemand die Bank überfallen will. Er weiß nicht wer. Der Detektiv beobachtet vom Fenster aus alle Leute. Die Jalousie ist geöffnet. Betrachte das Bild und schreib auf, was der Detektiv sieht. Benutze dazu dieses Schema:

			eine Frau.
			ein Mann mit dem Rad.
			ein Kind über die Straße.
			ein Mädchen.
	die Apotheke		ein Mann mit Musikinstrument über die Straße.
	die Bank		ein Mann auf dem Gerüst.
	der Baum		ein Mann mit einem Paket.
	die Brücke		eine Person mit einem Tablett über die Straße.
An	der Bus		ein Mann auf der Straße.
Auf	das Denkmal	stehen	jemand am Fenster.
Hinter	das Fenster	gehen	eine Frau und liest.
In	die Haltestelle	laufen	jemand und telefoniert.
Neben	das Hotel	fahren	ein Mann und liest.
Unter	das Kino	sitzen	zwei Männer auf dem Dach.
Vor	die Parkbank	liegen	ein Mann auf dem Rasen.
	das Restaurant		eine Frau mit Regenschirm über die Straße.
	der Sonnenschirm		ein Mann im Auto.
	der Supermarkt		eine Frau im Lieferwagen.
	die Tankstelle		jemand.
	die Telefonzelle		eine blinde Frau mit Hund über die Straße.
			ein Mann und liest.
			ein Mann mit einem schwarzen Hut.
			ein Mann mit zwei Tüten.

●

Jemand hat den Detektiv am Fenster gesehen. Er schließt die Jalousie ein wenig. Wer will die Bank überfallen? Betrachte beide Bilder und schreib auf, was inzwischen passiert ist:

Linke Bildhälfte

Die Person am Hotelfenster .... ist weggegangen ....
Der Mann auf dem Gerüst ....
Die Männer auf dem Kinodach ....
Der Mann vor dem Supermarkt ....
Die Frau unter dem Sonnenschirm ....
Der Mann auf der Parkbank ....
Die Person vor dem Bus ....
Der Mann im Supermarkt ....
Der Mann an der Haltestelle ....

Rechte Bildhälfte

Der Mann auf dem Fahrrad ....
Die Person in der Telefonzelle ....
Die Frau mit dem Hund ....
Der Mann auf dem Rasen ....
Das Mädchen vor der Telefonzelle ....
Der Mann hinter dem Baum ....
Die Frau vor der Apotheke ....
Die Frau mit dem Regenschirm ....
Die Person mit dem Tablett ....
Das Kind auf der Straße ....
Der Mann mit dem Paket ....
Der Mann mit dem Musikinstrument ....

ist aufgestanden.
ist eingestiegen.
hat sich hingelegt.
haben sich hingesetzt.
hat sich hingesetzt.
ist losgegangen.
ist losgelaufen.
ist rausgekommen.
ist reingegangen.
ist sitzen geblieben.
ist stehen geblieben.
hat sich umgedreht.
ist weggegangen.
sind weggegangen.
ist weitergefahren.
ist weitergegangen.
ist weitergelaufen.

Jemand hat den Detektiv am Fenster gesehen. Er schließt die Jalousie ein wenig. Wer will die Bank überfallen? Betrachte beide Bilder und schreib auf, was inzwischen passiert ist:

Linke Bildhälfte

Die Person am Hotelfenster ... ist weggegangen ....

Der Mann auf dem Gerüst ....

Die Männer auf dem Kinodach ....

Der Mann vor dem Supermarkt ....

Die Frau unter dem Sonnenschirm ....

Der Mann auf der Parkbank ....

Die Person vor dem Bus ....

Der Mann im Supermarkt ....

Der Mann an der Haltestelle ....

Rechte Bildhälfte

Der Mann auf dem Fahrrad ....

Die Person in der Telefonzelle ....

Die Frau mit dem Hund ....

Der Mann auf dem Rasen ....

Das Mädchen vor der Telefonzelle ....

Der Mann hinter dem Baum ....

Die Frau vor der Apotheke ....

Die Frau mit dem Regenschirm ....

Die Person mit dem Tablett ....

Das Kind auf der Straße ....

Der Mann mit dem Paket ....

Der Mann mit dem Musikinstrument ....

aufstehen
einsteigen
sich hinlegen
sich hinsetzen
losgehen
loslaufen
rauskommen
reingehen
sitzen bleiben
stehen bleiben
sich umdrehen
weggehen
weiterfahren
weitergehen
weiterlaufen

Didaktische Hinweise

Bild 1

Bild 2

In diesem Kapitel werden sportliche Höchstleistungen des Menschen mit entsprechenden Fähigkeiten aus der Tierwelt verglichen. Die auf den Bildern eingetragenen Daten sind den verschiedensten allgemein zugänglichen Publikationen entnommen worden.

(1) Die **Wortschatzseite** können Sie auf Folie kopieren und projizieren oder auf Papier kopieren und austeilen: Einführen und Einüben von Wortschatz. Die dazugehörige schriftliche Aufgabe umfasst alle 20 Sportarten, die auf der Wortschatzseite abgebildet sind. Sie haben hier die Möglichkeit der **Binnendifferenzierung**: Bei Variante • muss nur ausgesucht werden, welche der vorgegebenen Superlativformen einzusetzen ist, bei Variante •• müssen die passenden Superlativformen gebildet werden.
Möglicherweise ist es sinnvoll, den Lernenden diese Aufgabe erst zum Abschluss des Kapitels zu stellen, da die Aufgaben zu Bild 1 und 2 (Komparativ) in der sprachlichen Progression vor dieser Aufgabe liegen.

(2) **Bild 1**. Zum Kontext: Hier befinden sich der Mensch und verschiedene Tierarten im olympischen Wettkampf miteinander. Folgende Disziplinen mit folgenden teilnehmenden Tieren (immer von hinten nach vorne bzw. von unten nach oben aufgezählt) sind zu sehen:

100-Meter-Lauf (vorne): der Strauß, der Windhund, das Pferd, das Känguru

1500-Meter-Lauf (hinten rechts): das Dromedar, das Rentier

Marathon-Lauf (hinten links): das Dromedar, das Pferd

100-Meter-Freistil-Schwimmen: der Lachs, die Schildkröte

Weitsprung: der Afrikanische Frosch, der Wolfshund

Hochsprung: der Kojote, das Känguru

(3) Bild 1 (Kopie auf Folie oder Papier) mit der **dazugehörigen Aufgabe** (Kopie auf Papier): Zum Zwecke der **Binnendifferenzierung** können Sie auswählen, welchen Lernenden Sie die Variante • geben und welchen die Variante •• .

(4) Kopiervorlage zum Herstellen von **Bild 2** auf Folie kopieren.
Die Folie zum Herstellen von Bild 2 wird über Bild 1 gelegt und so entsteht Bild 2: Entweder direkt auf dem Tageslichtprojektor – Bild 1 verwandelt sich vor den Augen der Lernenden in Bild 2 – oder als Fotokopie auf Papier.

Folgende Tiere sind hier zusätzlich zu sehen:

100-Meter-Lauf: der Hase, die Antilope, der Gepard

1500-Meter-Lauf: der Kojote, der Esel, die Gazelle

Marathon-Lauf: das Rentier, die Gazelle, die Antilope

100-Meter-Freistil-Schwimmen: der Pinguin, der Schwertwal, der Thunfisch

Weitsprung: der Gepard, die Gazelle, das Känguru

Hochsprung: der Lachs, der Puma, der Delfin

(5) **Aufgabe zu Bild 2:**
Die Lernenden betrachten Bild 2 und die eingetragenen Daten und stellen mit Hilfe der vorgegebenen Formulierungen differenzierte Vergleiche zwischen den sportlichen Leistungen der beteiligten Arten an. Auch hier haben Sie wieder die Möglichkeit der **Binnendifferenzierung**: Bei Variante • müssen nur die vorgegebenen Formulierungen den Informationen des Bildes entsprechend eingetragen werden, bei Variante •• muss darüber hinaus auch das richtige Verb verwendet werden, was zu einer genaueren Betrachtung des Bildes zwingt.
Die Besprechung der beiden Aufgaben-Varianten können Sie gemeinsam durchführen, da das Ergebnis beider Varianten gleich ist.

Basketball
Bogenschießen
Dressurreiten
Eiskunstlauf
Fechten
Fußball
Golf
Handball
Hochsprung
Kugelstoßen
Kunstspringen
Marathon-Lauf
Radrennen
Schwimmen
Speerwerfen
Springreiten
Stabhochsprung
Tennis
Volleyball
Weitsprung

●

Setze die Formen des Superlativs ein: ***am besten*** **(2×),** ***am höchsten*** **(2×),** ***die meisten*** **(6×),** ***am schnellsten*** **(3×),** ***am schönsten*****(2×),** ***am weitesten*** **(3×),** ***die wenigsten*** **(2×)**

Beim Fußball gewinnt die Mannschaft, die .... Tore schießt.
Beim Weitsprung gewinnt, wer .... springt.
Beim Marathon-Lauf gewinnt, wer die 42,195 Kilometer ....läuft.
Beim Bogenschießen gewinnt, wer .... zielt.
Beim Volleyball gewinnt die Mannschaft, die .... Sätze gewinnt.
Beim Hochsprung gewinnt, wer .... springt.
Beim Basketball gewinnt die Mannschaft, die mit Korbtreffern .... Punkte erzielt.
Beim Speerwerfen gewinnt, wer den Speer .... wirft.
Beim Eiskunstlauf gewinnt, wer .... Schlittschuh läuft.
Beim Handball gewinnt die Mannschaft, die .... Tore wirft.
Beim Kugelstoßen gewinnt, wer die Kugel .... stößt.
Beim Radrennen gewinnt, wer die letzten 200 Meter .... fährt.
Beim Stabhochsprung gewinnt, wer mit dem Stab .... springt.
Beim Kunstspringen gewinnt, wer .... ins Wasser springt.
Beim Tennis gewinnt, wer .... Sätze gewinnt.
Beim Springreiten gewinnt, wer .... Fehler macht.
Beim Fechten gewinnt, wer am Gegner .... Treffer landet.
Beim 100m Freistil-Schwimmen gewinnt, wer die 100 Meter........................ schwimmt.
Beim Dressurreiten gewinnt das Pferd, das .... gehorcht.
Beim Golf gewinnt, wer für alle Treffer .... Schläge benötigt.

●●

Setze Formen des Superlativs ein wie: ***die meisten, am schnellsten,*** **etc.**

Beim Fußball gewinnt die Mannschaft, die .... Tore schießt.
Beim Weitsprung gewinnt, wer .... springt.
Beim Marathon-Lauf gewinnt, wer die 42,195 Kilometer .... läuft.
Beim Bogenschießen gewinnt, wer .... zielt.
Beim Volleyball gewinnt die Mannschaft, die .... Sätze gewinnt.
Beim Hochsprung gewinnt, wer .... springt.
Beim Basketball gewinnt die Mannschaft, die mit Korbtreffern........................ Punkte erzielt.
Beim Speerwerfen gewinnt, wer den Speer .... wirft.
Beim Eiskunstlauf gewinnt, wer .... Schlittschuh läuft.
Beim Handball gewinnt die Mannschaft, die .... Tore wirft.
Beim Kugelstoßen gewinnt, wer die Kugel .... stößt.
Beim Radrennen gewinnt, wer die letzten 200 Meter .... fährt.
Beim Stabhochsprung gewinnt, wer mit dem Stab .... springt.
Beim Kunstspringen gewinnt, wer .... ins Wasser springt.
Beim Tennis gewinnt, wer .... Sätze gewinnt.
Beim Springreiten gewinnt, wer ....Fehler macht.
Beim Fechten gewinnt, wer am Gegner .... Treffer landet.
Beim 100m Freistil-Schwimmen gewinnt, wer die 100 Meter........................ schwimmt.
Beim Dressurreiten gewinnt das Pferd, das ....gehorcht.
Beim Golf gewinnt, wer für alle Treffer ....Schläge benötigt.

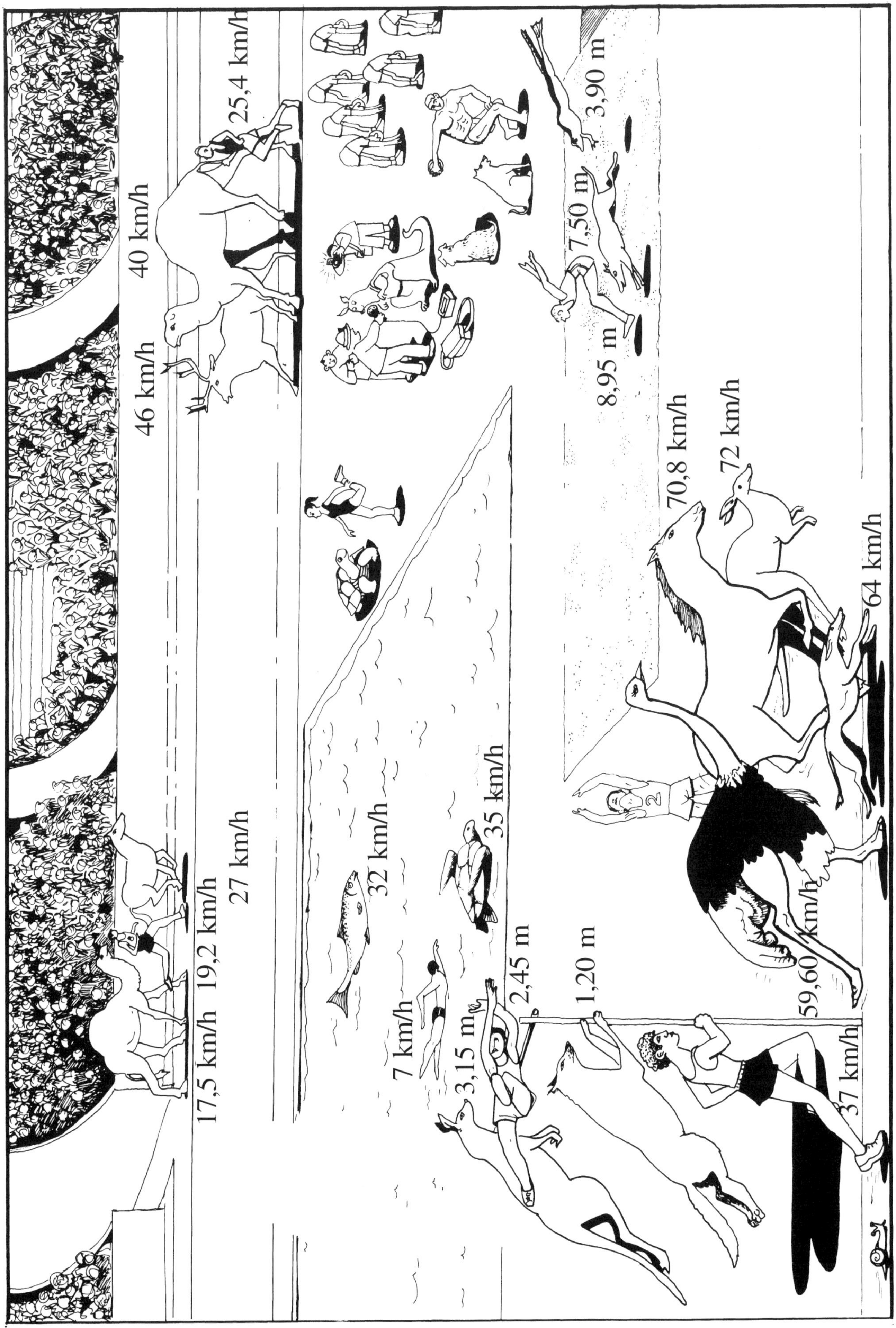

17,5 km/h
19,2 km/h
27 km/h
46 km/h
40 km/h
25,4 km/h
7 km/h
32 km/h
35 km/h
3,15 m
2,45 m
1,20 m
37 km/h
59,60
km/h
8,95 m
7,50 m
3,90 m
70,8 km/h
72 km/h
64 km/h

●

Betrachte das Bild und setze ein: ***schneller als – nicht so schnell wie***

100-Meter-Lauf

Das Pferd läuft.. der Strauß.

Der Windhund läuft .... das Känguru.

1500-Meter-Lauf

Der Mensch läuft .... das Rentier.

Das Dromedar läuft .... der Mensch.

Marathon-Lauf

Das Pferd läuft .... das Dromedar.

Das Dromedar läuft .... der Mensch.

Schwimmen

Der Mensch schwimmt .... die Schildkröte.

Die Schildkröte schwimmt .... der Lachs.

weiter als – nicht so weit wie

Weitsprung

Der Mensch springt .... der Wolfshund.

Der Afrikanische Frosch springt .... der Wolfshund.

höher als – nicht so hoch wie

Hochsprung

Das Känguru springt .... der Mensch.

Der Kojote springt .... das Känguru.

●●

Betrachte das Bild und setze ein: ***höher als – nicht so hoch wie – schneller als – nicht so schnell wie – weiter als – nicht so weit wie***

Beim 1500-Meter-Lauf läuft das Dromedar .... der Mensch.

Der Afrikanische Frosch springt .... der Wolfshund.

Beim 100-Meter-Lauf läuft der Windhund .... das Känguru.

Der Mensch schwimmt .... die Schildkröte.

Beim Marathon-Lauf läuft das Dromedar .... der Mensch.

Das Känguru springt .... der Mensch.

Beim 100-Meter-Lauf läuft das Pferd .... der Strauß.

Der Mensch springt .... der Wolfshund.

Beim 1500-Meter-Lauf läuft der Mensch .... das Rentier.

Die Schildkröte schwimmt .... der Lachs.

Beim Marathon-Lauf läuft das Pferd .... das Dromedar.

Der Kojote springt .... das Känguru.

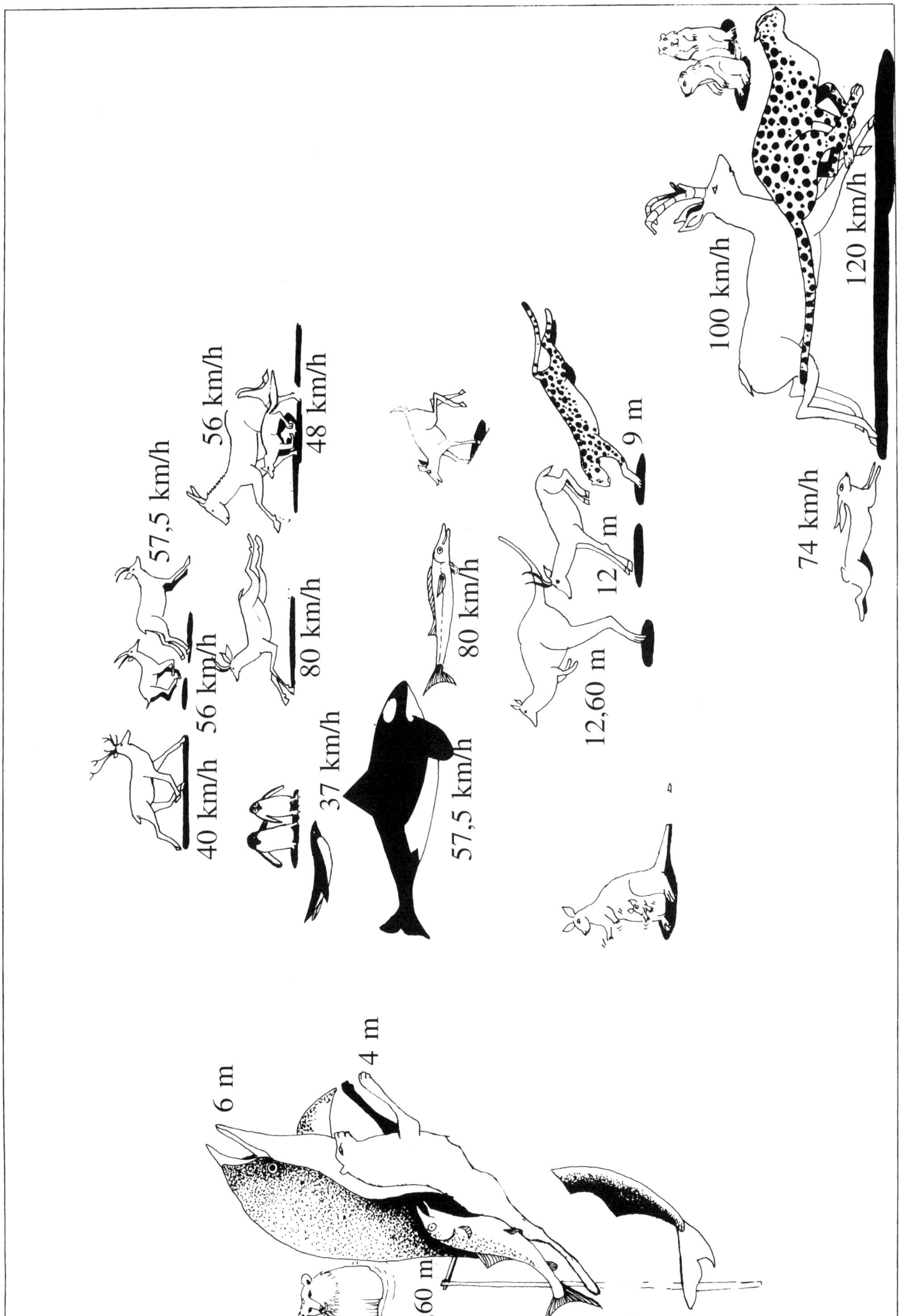

6 m
4 m
3,60 m
40 km/h
56 km/h
57,5 km/h
56 km/h
80 km/h
48 km/h
37 km/h
57,5 km/h
80 km/h
12,60 m
12 m
9 m
100 km/h
120 km/h
74 km/h

●

Betrachte das Bild und setze ein.
Die nötigen Komparativ-Formen findest du rechts.

Der Gepard läuft .... der Mensch.
Der Pinguin schwimmt .... die Schildkröte.
Die Gazelle springt .... das Känguru.
Das Känguru springt .... der Delfin.
Das Dromedar läuft .... die Gazelle.
Der Schwertwal schwimmt .... der Lachs.
Der Lachs springt .... das Känguru.
Der Gepard springt .... der Afrikanische Frosch.
Das Känguru läuft .... der Hase.
Der Lachs schwimmt .... der Thunfisch.
Der Esel läuft .... der Kojote.
Der Puma springt .... der Mensch.
Das Känguru springt .... die Gazelle.
Die Schildkröte schwimmt .... der Pinguin.
Das Känguru springt .... der Lachs.
Der Windhund läuft .... der Strauß.
Der Wolfshund springt .... die Gazelle.
Der Thunfisch schwimmt .... der Mensch.

viel höher als
viel schneller als
viel weiter als
ein bisschen höher als
ein bisschen schneller als
ein bisschen weiter als
fast so hoch wie
fast so schnell wie
fast so weit wie
längst nicht so hoch wie
längst nicht so schnell wie
längst nicht so weit wie

●●

Betrachte das Bild und setze ein: (_________= Verb).
Die nötigen Komparativ-Formen findest du rechts.

Der Gepard _______.. der Mensch.
Der Pinguin ________ .... die Schildkröte.
Die Gazelle _______... das Känguru.
Das Känguru ________.. der Delfin.
Das Dromedar ______.. die Gazelle.
Der Schwertwal ________ .... der Lachs.
Der Lachs _______... das Känguru.
Der Gepard _______...................................... der Afrikanische Frosch.
Das Känguru ______.. der Hase.
Der Lachs ________ .... der Thunfisch.
Der Esel ______.. der Kojote.
Der Puma _______.. der Mensch.
Das Känguru _______.. die Gazelle.
Die Schildkröte ________ .... der Pinguin.
Das Känguru _______... der Lachs.
Der Windhund _______.. der Strauß.
Der Wolfshund _______.. die Gazelle.
Der Thunfisch ________ .... der Mensch.

viel höher als
viel schneller als
viel weiter als
ein bisschen höher als
ein bisschen schneller als
ein bisschen weiter als
fast so hoch wie
fast so schnell wie
fast so weit wie
längst nicht so hoch wie
längst nicht so schnell wie
längst nicht so weit wie

Didaktische Hinweise

Bild 1

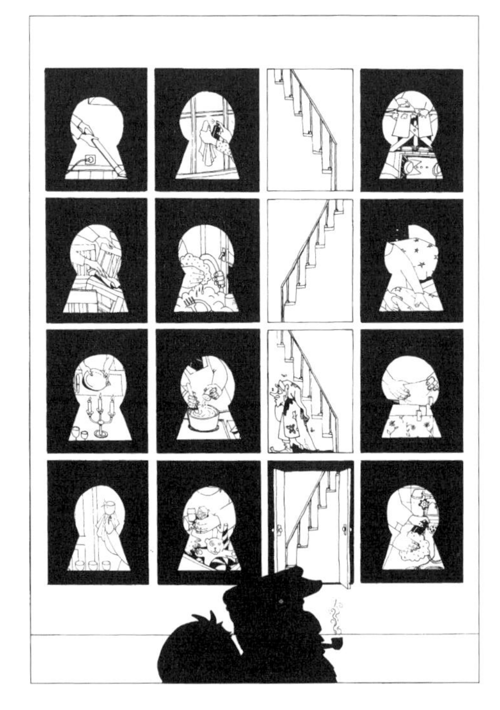

Bild 2

(1) Die **Wortschatzseite** können Sie auf Folie kopieren und projizieren oder auf Papier kopieren und austeilen: Einführen und Einüben von Wortschatz.

(2) Zum Kontext von **Bild 1:** Wir blicken hier in zwölf verschiedene Wohnungen eines Hauses, ganz so, als wären die Wände für uns durchsichtig. In jeder Wohnung ist jemand dabei, alltägliche Arbeiten im Haushalt zu verrichten. Im Vordergrund ist der Hauskobold zu sehen, der später noch eine Rolle spielen wird.

(3) Bild 1 (Kopie auf Folie oder Papier) mit der **dazugehörigen Aufgabe** (Kopie auf Papier): In Form eines Denksport-Spiels müssen die Lernenden hier die Personen mit Vor- und Nachnamen identifizieren und im Schema in die entsprechende Wohnung eintragen. Zwecks **Binnendifferenzierung** haben Sie hier zwei Angebote: Variante • arbeitet mit einfachen Aussagesätzen und wenig Negationen, in Variante •• sind die Angaben sprachlich anspruchsvoller, etliche Sätze beinhalten Angaben zu zwei Personen, und auch die Negationen spielen eine größere Rolle. Dennoch stehen im Ergebnis in beiden Varianten dieselben Namen an denselben Stellen im Schema. Der letzte Teil der Aufgabe, das Auflisten, welche Person welche Tätigkeit ausübt, findet wieder ohne Differenzierung statt.

(4) Kopiervorlage zum Herstellen von **Bild 2** auf Folie kopieren.
Die Folie zum Herstellen von Bild 2 wird über Bild 1 gelegt und so entsteht Bild 2: Entweder direkt auf dem Tageslichtprojektor – Bild 1 verwandelt sich vor den Augen der Lernenden in Bild 2 – oder als Fotokopie auf Papier.

(5) **Aufgabe zu Bild 2:**
Hier finden die Lernenden die klassische Situation für die Verwendung des Passivs vor: Wer die Tätigkeit verrichtet, ist nicht relevant (weil nicht sichtbar), nur die Verrichtung der Tätigkeit selbst interessiert. Auch hier wird die Aufgabe in Form eines Spiels angeboten, an dessen Ende eine Lösung steht, allerdings nur, wenn alle Formen korrekt gebildet worden sind und mit den Lücken gewissenhaft umgegangen worden ist.

Lösung der Aufgabe zu Bild 1:

	links	Mitte		rechts
3. Stock	Ines Lehmann	Michael Kuhn	T R E P P E N H A U S	Helmut Lemke
2. Stock	Niklas Scholl	Vanessa Bechstein		Kirsten Poppe
1. Stock	Sonja Winter	Sebastian Schneider		Birgit Fink
Erdgeschoss	Felix Krause	Gudrun Prinz		Jan Hildebrandt

Lösungswort der Aufgabe zu Bild 2:

DIE BADEWANNE

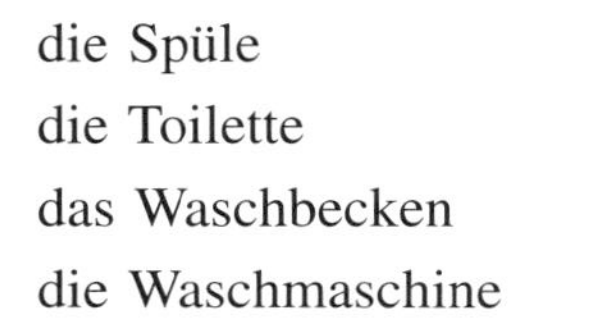

Geschirr abwaschen
den Tisch abwischen
Geschirr abtrocknen
Wäsche aufhängen
aufräumen
bügeln
den Tisch decken
fegen
die Betten machen
Essen machen
sauber machen
die Fenster putzen
den Müll rausbringen
Staub saugen
Wäsche waschen

die Badewanne
die Spüle
die Toilette
das Waschbecken
die Waschmaschine

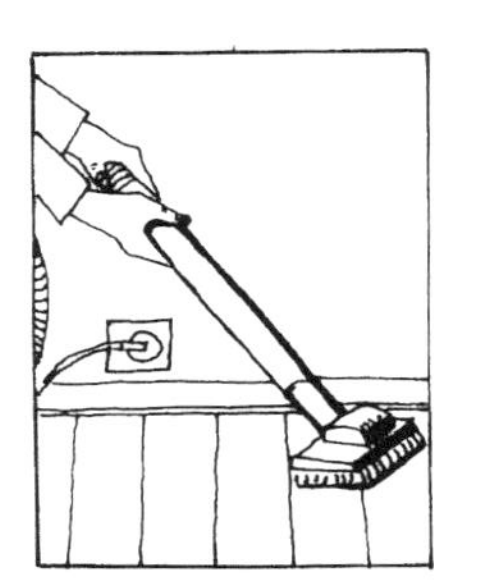

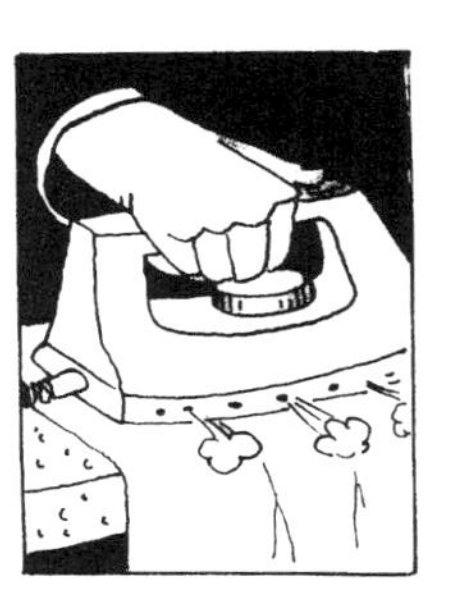

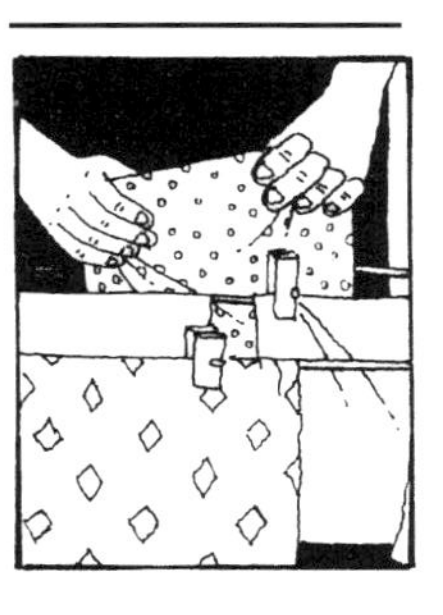

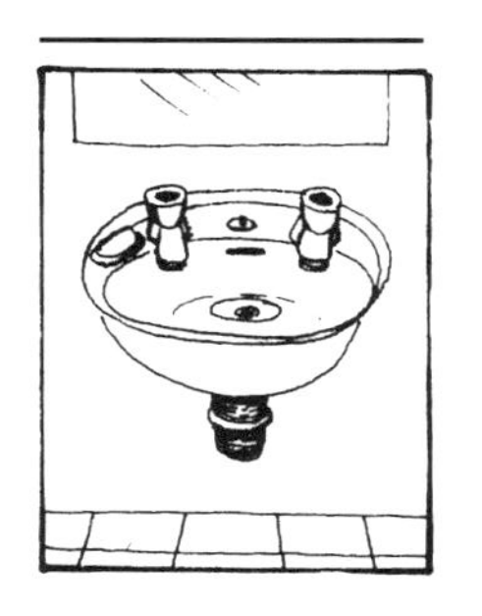

●

Wie heißen die Personen in den zwölf Wohnungen? Betrachte das Bild, lies die Angaben und trage die Vor- und Nachnamen in das Schema ein:

Niklas wohnt nicht im dritten Stock.
Gudrun Prinz wohnt in der Mitte.
Birgit Fink wohnt im ersten Stock.
Vanessa heißt mit Nachnamen nicht Poppe.
Herr Hildebrandt wohnt im Erdgeschoss.
Sonja Winter deckt den Tisch.
Herr Kuhn wohnt im dritten Stock.
Vanessa und Kirsten wohnen im zweiten Stock.
Niklas heißt mit Nachnamen Scholl.
Frau Bechstein wäscht Geschirr ab.
Sebastian Schneider und Michael Kuhn wohnen in der Mitte.
Helmut Lemke wohnt über Kirsten Poppe.
Jan Hildebrandt wohnt unter Birgit Fink.
Herr Scholl wischt Tisch und Stühle ab.
Die letzten beiden Personen heißen Ines Lehmann und Felix Krause.

	links	Mitte		rechts
3. Stock			T R E	
2. Stock			P P E	
1. Stock			N H A	
Erdgeschoss			U S	

Hier kannst du aufschreiben, was die Personen machen.

Sonja Winter deckt den Tisch.

Wie heißen die Personen in den zwölf Wohnungen? Betrachte das Bild, lies die Angaben und trage die Vor- und Nachnamen in das Schema ein:

Michael Kuhn wohnt nicht im zweiten Stock und Gudrun Prinz wohnt nicht links.
Kirsten Poppe wohnt rechts und Herr Schneider in der Mitte.
Ines Lehmann deckt nicht den Tisch und Felix Krause macht nicht die Badewanne sauber.
Herr Lemke wohnt direkt über Frau Poppe.
Frau Poppe wohnt im selben Stock wie Niklas Scholl.
Birgit hängt Wäsche auf und Sonja deckt den Tisch.
Frau Winter wohnt unter Herrn Scholl und über Herrn Krause.
Herr Hildebrandt heißt mit Vornamen nicht Sebastian und Vanessa heißt mit Nachnamen nicht Fink.
Ines wohnt im selben Stock wie Helmut.
Jan wohnt neben Gudrun Prinz.
Sebastian wohnt im ersten Stock.
Michael wohnt ganz oben und Jan ganz unten.
Die letzte Person ist Frau Bechstein.

	links	Mitte		rechts
3. Stock			TREPPENHAUS	
2. Stock				
1. Stock				
Erdgeschoss				

Hier kannst du aufschreiben, was die Personen machen:

Sonja Winter deckt den Tisch.

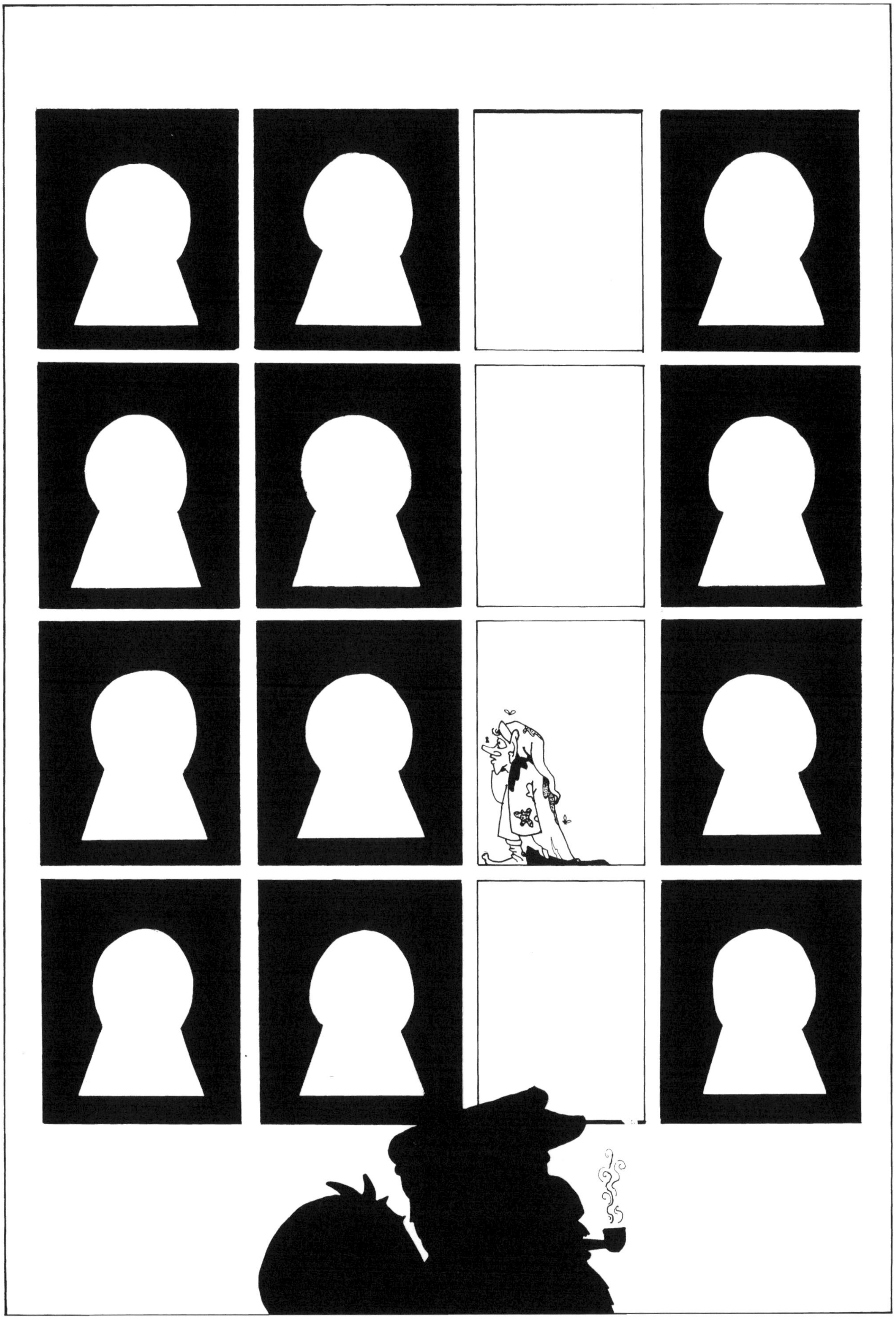

Der Hauskobold geht durchs Treppenhaus und guckt durch alle Schlüssellöcher. Überall arbeitet jemand, aber er kann nicht sehen, wer dort arbeitet. Betrachte das Bild und schreib auf, was der Kobold sieht. Schreib in jede Lücke nur einen Buchstaben.

Bei Winter w i r d der Tisch g e d e c k t.

Bei Familie Bechstein _ _ _ _ Geschirr _ _ _ _ _ _ _ _ _ _ _.

Im dritten Stock rechts _ _ _ _ _ _ _ _ _ _ _ _.

Bei Poppe _ _ _ _ _ _ die Betten _ _ _ _ _ _ _.

Im Erdgeschoss links _ _ _ _ Geschirr _ _ _ _ _ _ _ _ _ _ _ _.

Bei Lehmann _ _ _ _ Staub _ _ _ _ _ _ _ _.

Im zweiten Stock links _ _ _ _ _ _ Tisch und Stühle _ _ _ _ _ _ _ _ _ _.

Bei Familie Prinz _ _ _ _ _ _ Spielsachen _ _ _ _ _ _ _ _ _ _.

Im ersten Stock in der Mitte _ _ _ _ Essen _ _ _ _ _ _ _.

Ganz unten rechts _ _ _ _ die Badewanne _ _ _ _ _ _ _ _ _ _ _ _ _.

Ganz oben in der Mitte _ _ _ _ _ _ die Fenster _ _ _ _ _ _ _.

Im ersten Stock _ _ _ _ Wäsche _ _ _ _ _ _ _ _ _ .

Willst du wissen, was dem Kobold Angst macht? Dann schreib folgende Buchstaben in dieser Reihenfolge auf:

Erster Stock links: Siebter Buchstabe
Dritter Stock links: Zweiter Buchstabe
Erdgeschoss Mitte: Elfter Buchstabe
Dritter Stock rechts: Siebter Buchstabe
Zweiter Stock Mitte: Zehnter Buchstabe
Dritter Stock Mitte: Vierter Buchstabe
Zweiter Stock rechts: Zweiter Buchstabe
Zweiter Stock links: Elfter Buchstabe
Erster Stock Mitte: Achter Buchstabe
Erdgeschoss links: Vierzehnter Buchstabe
Erster Stock rechts: Zwölfter Buchstabe
Erdgeschoss rechts: Zwölfter Buchstabe

_ _ _ _ _ _ _ _ _ _ _ _

Didaktische Hinweise

Bild 1

Bild 2

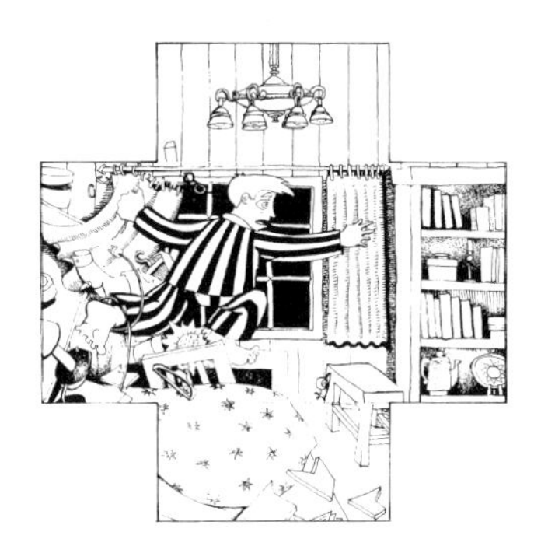

Bild 3

Bild 4

In diesem Kapitel wird eine Faltkarte hergestellt, die in vier Bildern eine kleine Geschichte erzählt. Anschließend bearbeiten die Lernenden hierzu sprachliche Aufgaben.

(1) Die **Wortschatzseite** können Sie auf Folie kopieren und projizieren oder auf Papier kopieren und austeilen: Einführen und Einüben von Wortschatz.

(2) Zum Kontext der **Bilder 1 bis 4 auf der Faltkarte:** Sowohl die Bilder als auch die sprachlichen Aufgaben erzählen jeweils auf ihre Weise die Geschichte.

Herstellung der Faltkarte:

- Kopiervorlagen für Teil 1 und 2 auf Papier kopieren.
- Teil 1 und 2 ausschneiden. Dabei die Randlinien abschneiden.
- Teil 1 und 2 mit den Rückseiten aneinander kleben.
- Mit einer scharfen Klinge oder einer spitzen Schere die Schnittlinien in der Faltkarte aufschneiden.
- Die Faltkarte entlang der Knicklinien in beide Richtungen knicken.
- Die weißen Flächen auf Seite 2 (Teil 2) der Faltkarte aufeinander kleben.
- Jetzt kann man die Faltkarte durchgängig von Bild 1 bis Bild 4 durchblättern, indem man immer an den Schnittlinien die Faltkarte in der Mitte aufklappt und beide Teile nach hinten kippt. Nach Bild 4 kommt wieder Bild 1 zum Vorschein.

(3) **Aufgabe 1 zu Bild 1 bis 4:**
Die Lernenden betrachten die Bilder, indem sie die Faltkarte durchblättern und bearbeiten die Aufgabe, in der es um die Anwendung des Wortschatzes geht. Sie haben die Möglichkeit der **Binnendifferenzierung**: In Variante • werden die Substantive bereits mit Artikeln und integrierten Präpositionen angeboten, in Variante •• nur die Substantive. Artikel und Präpositionen müssen hier selbstständig von den Lernenden eingesetzt werden.

(4) **Aufgabe 2 zu Bild 1 bis 4:**
In dieser Aufgabe geht es um den Gebrauch des Perfekts. Zwecks **Binnendifferenzierung** können Sie hier entscheiden, welche Lernenden die Aufgabe stark gelenkt bearbeiten sollen, mit dem Infinitiv des entsprechenden Verbs an der zutreffenden Stelle und welche Lernenden die Aufgabe selbstständiger lösen sollen, nur mit der alphabetischen Liste der Verben als Hilfestellung.

Im Anschluss können Sie die Lernenden Dialoge spielen lassen, zwischen
- Frau Sontheimer und Herrn Sontheimer;
- dem Ehepaar Sontheimer und den Freunden, bei denen sie zu Besuch sind.

das Bett
das Bild
die Decke
die Deckenlampe
der Fußboden
die Gardine
der Hocker
die Kommode
der Nachttisch
die Nachttischlampe
das Regal
der Schrank
der Sessel
das Sofa
der Spiegel
die Standuhr
der Stuhl
der Teppich
der Tisch
die Wand

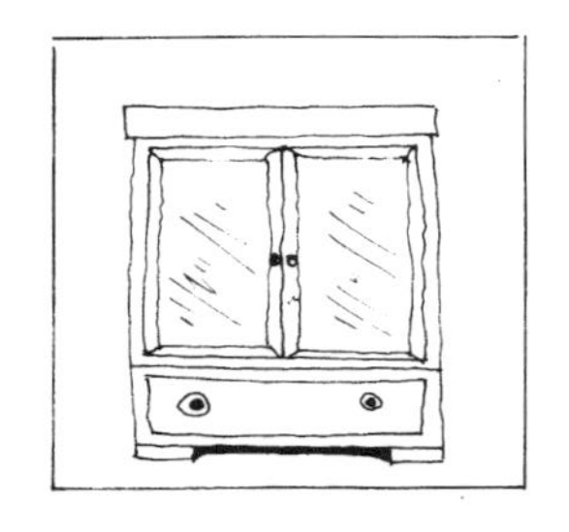

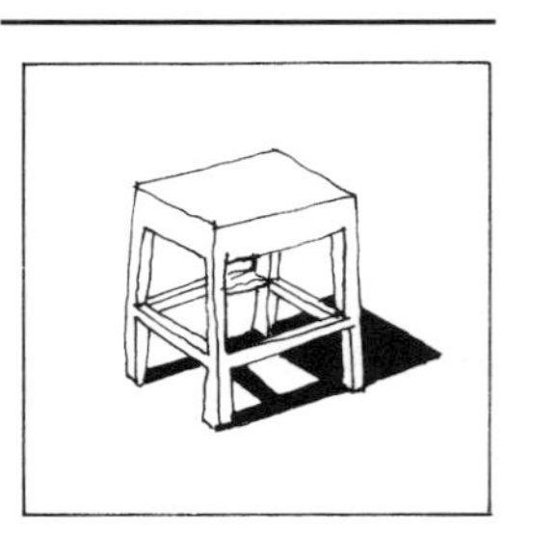

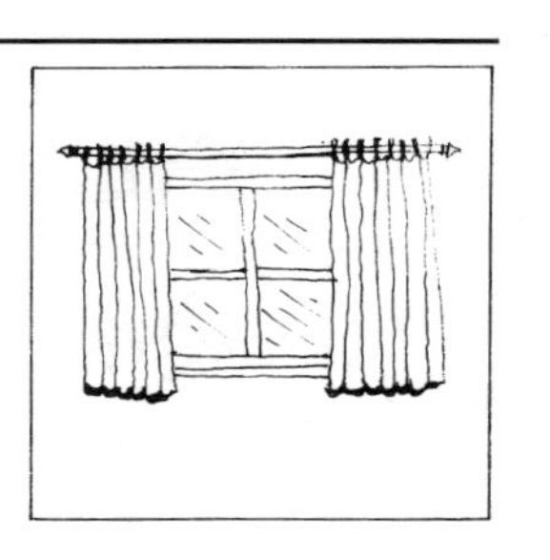
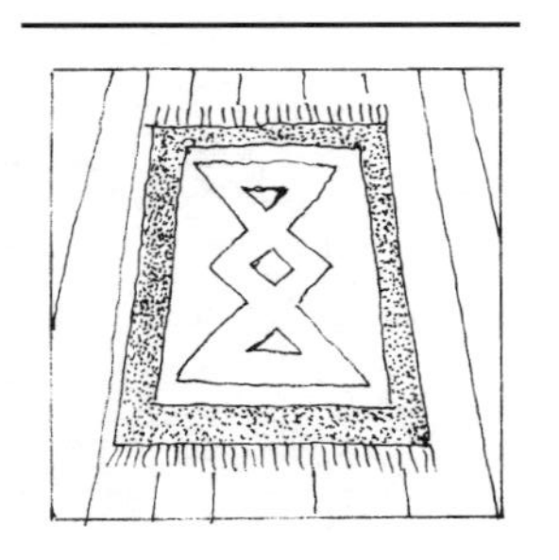
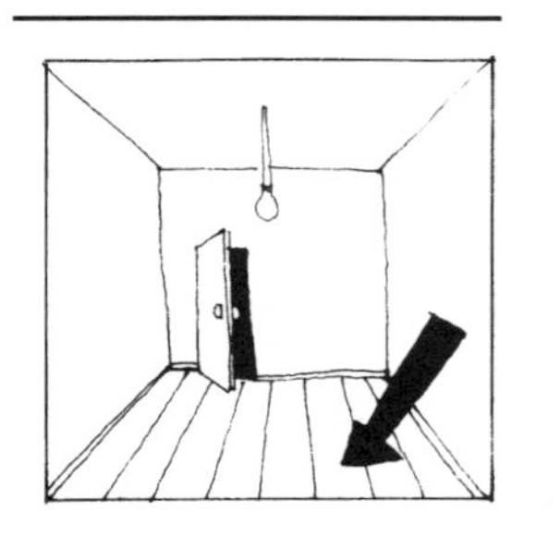
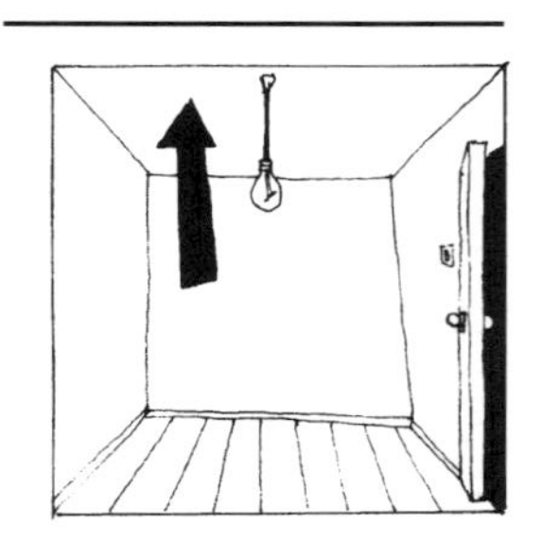
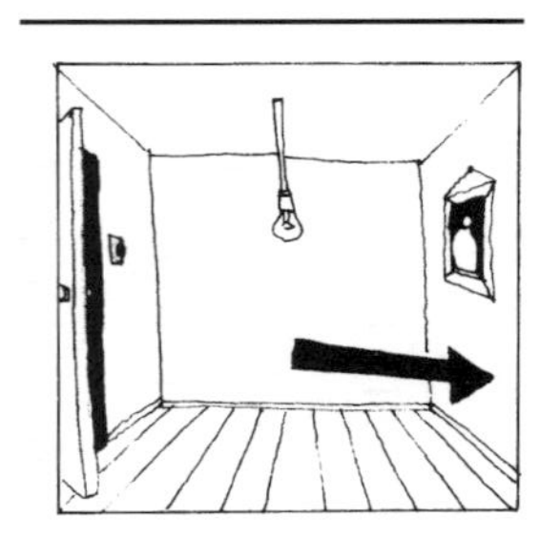

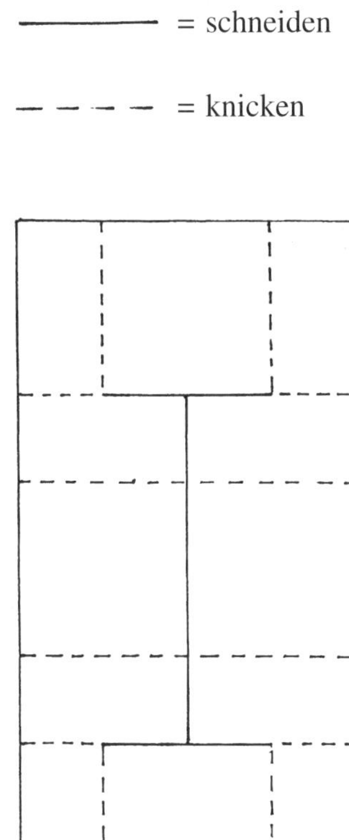
= schneiden
= knicken

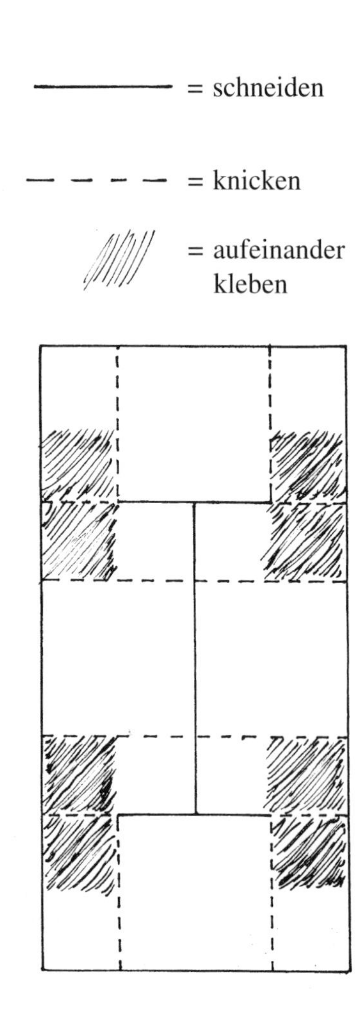
= schneiden
= knicken
= aufeinander kleben

●

Betrachte die vier Bilder der Faltkarte und setze die Substantive ein. Unten findest du alles in alphabetischer Reihenfolge.

Herr und Frau Sontheimer sind über das Wochenende bei Freunden zu Besuch. Es ist abends. Die beiden wollen schlafen gehen. Frau Sontheimer ist ins Badezimmer gegangen und Herr Sontheimer hat noch ein bisschen ... im Bett ... gelesen.
Plötzlich hat er gesehen, dass .... an .... schief hängt. Herr Sontheimer ist ein sehr ordentlicher Mensch. Er ist aufgestanden und auf das Brett am Kopfende .... gestiegen. Da ist das Brett gekippt und Herr Sontheimer hat sich .... festgehalten. Aber .... ist zusammengebrochen und Herr Sontheimer hat mit dem Fuß .... gerissen. Die Schranktüren aus Spiegelglas sind auf .... gefallen und zerbrochen. Im letzten Moment hat Herr Sontheimer sich an .... festgehalten. Mit einem Fuß hat er versucht, auf .... Halt zu finden. Dabei ist er auf den Kaktus getreten. Dann ist .... abgerissen, aber Herr Sontheimer hat sich .... festgehalten. Dadurch ist .... umgekippt, aber Herr Sontheimer ist gerade noch rechtzeitig an .... gesprungen. .... ist aus .... gebrochen und mit Herrn Sontheimer auf .... gestürzt. In diesem Moment ist Frau Sontheimer aus dem Badezimmer zurückgekommen und hat entsetzt gefragt: „Was ist denn hier los?“ Und Herr Sontheimer hat geantwortet: „ .... hängt schief.“

~~im Bett~~ – das Bett (2×) – des Bettes – das Bild (2×) – der Decke – die Deckenlampe – der Gardine – die Gardine – die Lampe (2×) – vom Nachttisch – am Regal – das Regal – am Schrank – der Schrank – dem Tisch – der Wand

●●

Betrachte die vier Bilder der Faltkarte und setze die fehlenden Substantive, Artikel und Präpositionen ein. Die Substantive findest du unten in alphabetischer Reihenfolge.

Herr und Frau Sontheimer sind über das Wochenende bei Freunden zu Besuch. Es ist abends. Die beiden wollen schlafen gehen. Frau Sontheimer ist ins Badezimmer gegangen und Herr Sontheimer hat noch ein bisschen .... im Bett .... gelesen.
Plötzlich hat er gesehen, dass .... an .... schief hängt. Herr Sontheimer ist ein sehr ordentlicher Mensch. Er ist aufgestanden und auf das Brett am Kopfende .... gestiegen. Da ist das Brett gekippt und Herr Sontheimer hat sich .... festgehalten. Aber .... ist zusammengebrochen und Herr Sontheimer hat mit dem Fuß .... gerissen. Die Schranktüren aus Spiegelglas sind auf .... gefallen und zerbrochen. Im letzten Moment hat Herr Sontheimer sich an .... festgehalten. Mit einem Fuß hat er versucht, auf .... Halt zu finden. Dabei ist er auf den Kaktus getreten. Dann ist .... abgerissen, aber Herr Sontheimer hat sich .... festgehalten. Dadurch ist .... umgekippt, aber Herr Sontheimer ist gerade noch rechtzeitig an .... gesprungen. .... ist aus .... gebrochen und mit Herrn Sontheimer auf .... gestürzt. In diesem Moment ist Frau Sontheimer aus dem Badezimmer zurückgekommen und hat entsetzt gefragt: „Was ist denn hier los?“ Und Herr Sontheimer hat geantwortet: „.............................. hängt schief.“

Bett (3×) – Bild (2×) – Decke – Deckenlampe – Gardine (2×) – Lampe (2×) – Nachttisch – Regal (2×) – Schrank (2×) – Tisch – Wand

●

Betrachte die vier Bilder der Faltkarte, lies den Text und setze die Verben im Perfekt ein:

Herr und Frau Sontheimer sind über das Wochenende bei Freunden zu Besuch. Es ist abends. Die beiden wollen schlafen gehen. Frau Sontheimer ...ist... ins Badezimmer (gehen) ...gegangen... und Herr Sontheimer .... noch ein bisschen im Bett (lesen) ....
Plötzlich .... er (sehen) ...., dass das Bild an der Wand schief hängt. Herr Sontheimer ist ein sehr ordentlicher Mensch. Er (aufstehen) .... und auf das Brett am Ende des Bettes (steigen) .... Da .... das Brett (kippen) .... und Herr Sontheimer .... am Schrank (sich festhalten) .... Aber der Schrank (zusammenbrechen) .... und Herr Sontheimer .... mit dem Fuß die Lampe vom Nachttisch (reißen) .... Die Schranktüren aus Spiegelglas .... auf das Bett (fallen) .... und (zerbrechen) .... Im letzten Moment .... Herr Sontheimer .... an der Gardine (sich festhalten) .... Mit einem Fuß .... er (versuchen) .... auf dem Tisch Halt zu finden. Dabei .... er auf den Kaktus (treten) .... Dann .... die Gardine (abreißen) ...., aber Herr Sontheimer .... am Regal (sich festhalten) .... Dadurch .... das Regal (umkippen) ...., aber Herr Sontheimer .... gerade noch rechtzeitig an die Deckenlampe (springen) .... Die Lampe .... aus der Decke (brechen) .... und mit Herrn Sontheimer auf das Bett (stürzen) .... In diesem Moment .... Frau Sontheimer aus dem Badezimmer (zurückkommen) .... und .... entsetzt (fragen) .... : „Was ist denn hier los?“ Und Herr Sontheimer (antworten) .... : „Das Bild hängt schief.“

●●

Betrachte die vier Bilder der Faltkarte, lies den Text und setze die Verben im Perfekt ein. Die Verben findest du unten in alphabetischer Reihenfolge.

Herr und Frau Sontheimer sind über das Wochenende bei Freunden zu Besuch. Es ist abends. Die beiden wollen schlafen gehen. Frau Sontheimer ...ist... ins Badezimmer ...gegangen... und Herr Sontheimer .... noch ein bisschen im Bett ....
Plötzlich .... er ...., dass das Bild an der Wand schief hängt. Herr Sontheimer ist ein sehr ordentlicher Mensch. Er .... und auf das Brett am Ende des Bettes .... Da .... das Brett .... und Herr Sontheimer .... am Schrank .... Aber der Schrank .... und Herr Sontheimer .... mit dem Fuß die Lampe vom Nachttisch .... Die Schranktüren aus Spiegelglas .... auf das Bett .... und .... Im letzten Moment .... Herr Sontheimer .... an der Gardine .... Mit einem Fuß .... er .... auf dem Tisch Halt zu finden. Dabei .... er auf den Kaktus .... Dann .... die Gardine ...., aber Herr Sontheimer .... am Regal .... Dadurch .... das Regal ...., aber Herr Sontheimer .... gerade noch rechtzeitig an die Deckenlampe .... Die Lampe .... aus der Decke .... und mit Herrn Sontheimer auf das Bett .... In diesem Moment .... Frau Sontheimer aus dem Badezimmer .... und .... entsetzt .... :
„Was ist denn hier los?“ Und Herr Sontheimer .... : „Das Bild hängt schief.“

abreißen – antworten – aufstehen – brechen – fallen – sich festhalten (3×) – fragen – ~~gehen~~ – kippen – lesen – reißen – sehen – springen – steigen – stürzen – treten – umkippen – versuchen – zerbrechen – zurückkommen – zusammenbrechen

Didaktische Hinweise

Bild 1

Bild 2

Bild 3

Bild 4

In diesem Kapitel wird eine Faltkarte hergestellt, die in vier Bildern erzählt, wie das Aussterben der Dinosaurier vor sich ging. Anschließend bearbeiten die Lernenden hierzu eine sprachliche Aufgabe.

(1) Die **Wortschatzseite** können Sie auf Folie kopieren und projizieren oder auf Papier kopieren und austeilen: Einführen und Einüben von Wortschatz.

(2) Die **Bilder 1 bis 4 (Faltkarte).** Zum Kontext: Hier wird diejenige Theorie dargestellt, die international von Wissenschaftlern als die wahrscheinlichste angesehen wird als Erklärung dafür, warum die Dinosaurier relativ „plötzlich" ausgestorben sind: Einschlag eines gewaltigen Meteoriten auf der Erde und zwangsläufige radikale Klimaveränderung mit all ihren Folgeerscheinungen.

Herstellung der Faltkarte:

- Kopiervorlagen für Teil 1 und 2 auf Papier kopieren.
- Teil 1 und 2 ausschneiden. Dabei die Randlinien abschneiden.
- Teil 1 und 2 mit den Rückseiten aneinander kleben.
- Mit einer scharfen Klinge oder einer spitzen Schere die Schnittlinien in der Faltkarte aufschneiden.
- Die Faltkarte entlang der Knicklinien in beide Richtungen knicken.
- Die weißen Flächen auf Seite 2 (Teil 2) der Faltkarte aufeinander kleben.
- Jetzt kann man die Faltkarte durchgängig von Bild 1 bis Bild 4 durchblättern, indem man immer an den Schnittlinien die Faltkarte in der Mitte aufklappt und beide Teile nach hinten kippt. Nach Bild 4 kommt wieder Bild 1 zum Vorschein.

(3) **Aufgabe zu Bild 1 bis 4:**
Die Lernenden betrachten die Bilder, indem sie in der Faltkarte hin- und herblättern und bearbeiten die dazugehörige Aufgabe. Die Verben werden im Präteritum eingesetzt, und jeder Satz wird einem Bild zugeordnet. Zu jedem Bild gehören fünf Sätze. Sie haben hier die Möglichkeit der **Binnendifferenzierung**: In Variante • sind die Verben zweifelsfrei vorgegeben, in Variante •• müssen die Lernenden auswählen, welches Verb passt. Anschließend kann die Lerngruppe die Sätze in eine Reihenfolge bringen, die der Logik der Bilder entspricht. In einer weiteren Phase können die Lernenden, mit der Faltkarte in der Hand als Gedächtnisstütze, den Ablauf der Ereignisse mündlich oder schriftlich rekonstruieren und so zur freien Äußerung gelangen.

Lösungen:

2) überschwemmte (Bild 2)
3) starben .... aus (Bild 4)
4) jagten, fraßen (Bild 1)
5) kam (Bild 3)
6) war (Bild 2)
7) fanden (Bild 3)
8) stiegen .... auf (Bild 2)
9) gab (Bild 1)
10) überlebten (Bild 4)
11) fiel (Bild 2)
12) ernährten sich (Bild 1)
13) waren, waren (Bild 4)
14) wurde (Bild 3)
15) existierten (Bild 1)
16) pflanzten sich .... fort (Bild 4)
17) fanden (Bild 3)
18) bebte, brachen aus (Bild 2)
19) starben (Bild 3)
20) konnten (Bild 4)

der Bach
der Baum
der Berg
der Busch
das Erdbeben
der Fluss
das Gebirge
der Gletscher
der Hügel
das Meer
der Meteorit
der Rauch
der See
das Tal
die Überschwemmung
der Vulkan
der Vulkanausbruch
der Wald
der Wasserfall
die Wolke

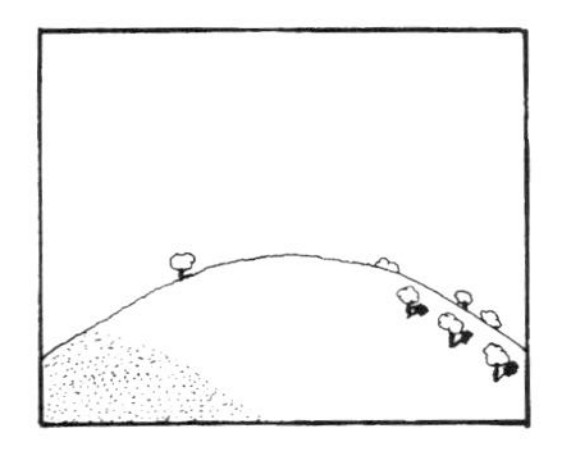

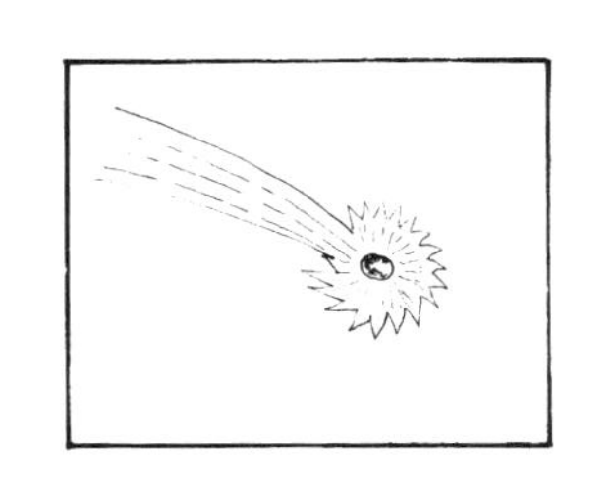

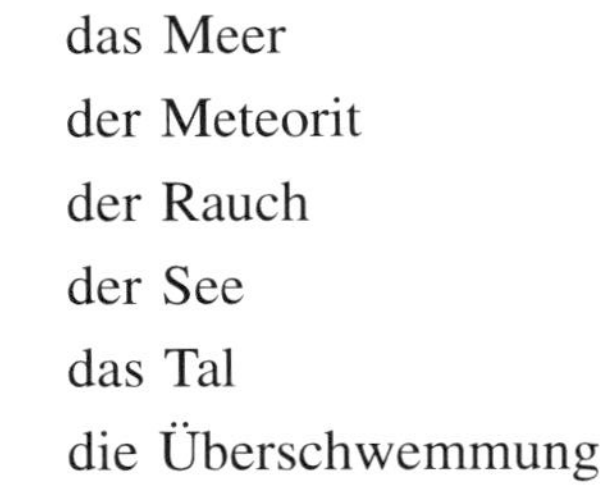

——— = schneiden

– – – = knicken

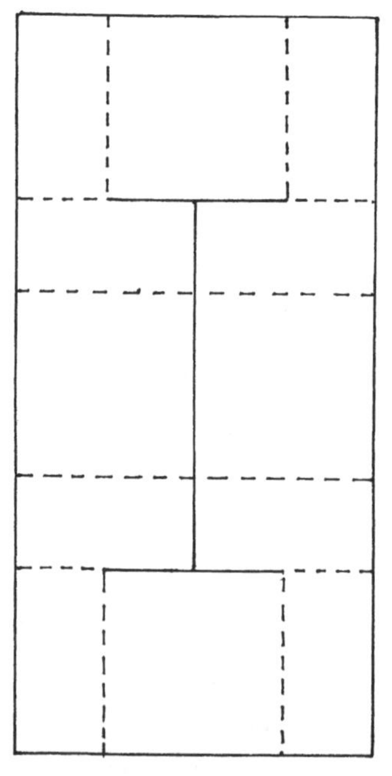

——— = schneiden

– – – = knicken

//// = aufeinander kleben

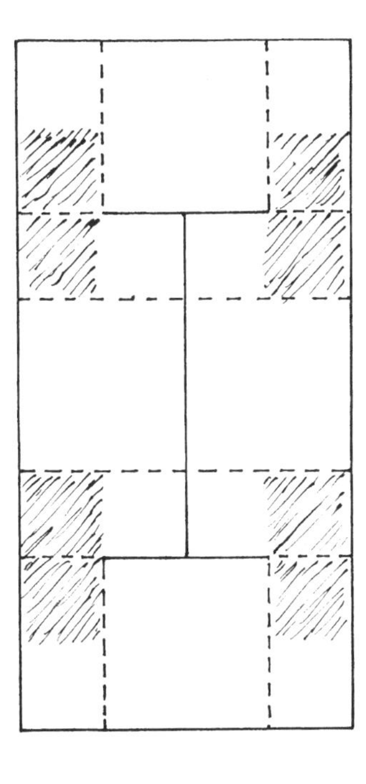

●

Betrachte die vier Bilder der Faltkarte und lies die Sätze. Dann setze die Verben im Präteritum ein und schreib hinter den Satz, zu welchem Bild er gehört.

1) Vor 70 Millionen Jahren (leben) ... lebten .... viele Dinosaurier-Arten auf der Erde. (Bild 1)

2) Das Meer (überschwemmen) .... weite Landstriche. (......)

3) Auf diese Weise (aussterben) .... die Dinosaurier in wenigen Jahren .... (......)

4) Einige Fleischfresser (jagen) .... die Pflanzenfresser, andere (fressen) .... nur Aas. (......)

5) Das Sonnenlicht (kommen) .... nicht mehr bis auf die Erde. (......)

6) Das (sein) .... wie eine riesige Explosion. (......)

7) Die Planzenfresser (finden) .... keine Nahrung mehr. (......)

8) Rauch und Asche (aufsteigen) .... in die Atmosphäre .... (......)

9) Es (geben) .... Pflanzenfresser und Fleischfresser unter den Dinosauriern. (......)

10) Etliche Säugetier-Arten (überleben) .... den langen „Winter“. (......)

11) Vor 65 Millionen Jahren (fallen) .... ein Meteorit von 10 km Durchmesser auf die Erde. (......)

12) Die Pflanzenfresser (sich ernähren) .... von Pflanzen. (......)

13) Die meisten Dinosaurier (sein) .... Kaltblüter, die Säugetiere (sein) .... Warmblüter. (......)

14) Es (werden) .... für viele Jahre dunkel und sehr kalt auf der Erde. (......)

15) Es (existieren) .... auch schon einige Säugetier-Arten, Schlangen und Insekten. (......)

16) Die Kaltblüter (sich fortpflanzen) .... unter diesen Bedingungen nicht mehr .... (......)

17) Die Fleischfresser (finden) .... keine Beute mehr. (......)

18) Die Erde (beben) .... und viele Vulkane (ausbrechen) .... (......)

19) Viele Pflanzen (sterben) .... (......)

20) Die Kaltblüter (können) .... sich in der Kälte nur sehr langsam bewegen. (......)

●●

Betrachte die vier Bilder der Faltkarte und lies die Sätze. Dann setze die Verben im Präteritum ein und schreib hinter den Satz, zu welchem Bild er gehört. Unten findest du die Verben in alphabetischer Reihenfolge.

1) Vor 70 Millionen Jahren ... lebten ... viele Dinosaurier-Arten auf der Erde. (Bild 1)

2) Das Meer .... weite Landstriche. (......)

3) Auf diese Weise .... die Dinosaurier in wenigen Jahren .... (......)

4) Einige Fleischfresser .... die Pflanzenfresser, andere .... nur Aas. (......)

5) Das Sonnenlicht .... nicht mehr bis auf die Erde. (......)

6) Das .... wie eine riesige Explosion. (......)

7) Planzenfresser .... keine Nahrung mehr. (......)

8) Rauch und Asche .... in die Atmosphäre .... (......)

9) Es .... Pflanzenfresser und Fleischfresser unter den Dinosauriern. (......)

10) Etliche Säugetier-Arten .... den langen „Winter“. (......)

11) Vor 65 Millionen Jahren .... ein Meteorit von 10 Kilometern Durchmesser auf die Erde. (......)

12) Die Pflanzenfresser .... von Pflanzen. (......)

13) Die meisten Dinosaurier .... Kaltblüter, die Säugetiere .... Warmblüter. (......)

14) Es .... für viele Jahre dunkel und sehr kalt auf der Erde. (......)

15) Es .... auch schon einige Säugetier-Arten, Schlangen und Insekten. (......)

16) Die Kaltblüter .... unter diesen Bedingungen nicht mehr .... (......)

17) Die Fleischfresser .... keine Beute mehr. (......)

18) Die Erde .... und viele Vulkane .... (......)

19) Viele Pflanzen .... (......)

20) Die Kaltblüter .... sich in der Kälte nur sehr langsam bewegen. (......)

aufsteigen – ausbrechen – aussterben – beben – sich ernähren – existieren – fallen – finden (2×) – sich fortpflanzen – fressen – geben – haben – jagen – können – kommen – ~~leben~~ – sein (3×) – sterben – überleben – überschwemmen – werden